Manager avec la philo

Éditions d'Organisation
Groupe Eyrolles
61, bd Saint-Germain
75240 Paris cedex 05

www.editions-organisation.com
www.editions-eyrolles.com

ISBN : 2-7081-3489-2

Eugénie VEGLERIS

Manager avec la philo

Éditions
d'Organisation

À Edgar Morin,
qui m'a appris à aimer l'incertain.

Sommaire

Partie II

La philo au quotidien

Annexes

Lettre au manager

« On ne voit bien qu'avec le cœur.
L'essentiel est invisible pour les yeux. »
Le Petit Prince

Ami manager,

Peut-être es-tu étonné qu'une inconnue t'interpelle de la sorte. Si c'est le cas, sache que tu n'es pas à ton premier étonnement.

Le texte qui suit cette lettre est écrit par une philosophe qui, au milieu de sa vie, a librement quitté l'enseignement pour aborder les questions que pose aux humains l'exercice de leur activité professionnelle. Cette approche a trouvé un terrain particulièrement fertile en entreprise. Et, au sein de l'entreprise, l'approche philo a croisé, spontanément, les chemins de ceux qui ont la responsabilité d'une équipe ou de plusieurs équipes.

Ce croisement, qui se renouvelle depuis maintenant douze ans, est rencontre amicale.

On renvoie la *philo* à sa racine grecque – « amour de la sagesse » – en oubliant souvent ce que signifiaient cet amour et cette sagesse.

Sophia est avant tout intelligence de la situation, ruse qui permet de contourner l'obstacle, résolution astucieuse de problèmes concrets. Aimer la sagesse, c'est vouloir comprendre pour agir efficacement et vivre mieux. Efficacité et mieux vivre s'inscrivent dans une dimension collective, même si elles puisent leur énergie dans l'effort individuel. Pour ces pères de l'esprit philosophique que sont les Grecs, l'homme est par nature un *animal politique*, un être qui ne peut acquérir, développer et accomplir son humanité que dans le cadre d'une société organisée par des règles.

Le verbe grec *philô* signifie aimer d'amitié, s'attacher sereinement et durablement à une réalité humaine. Le philatéliste aime les timbres, parce que ces produits de l'invention humaine lui procurent de la connaissance historique et du plaisir esthétique. L'ami de la sagesse, lui, aime ceux qui l'accompagnent dans sa quête pour la compréhension de lui-même et du monde tel que les hommes le voient et le changent. Le philosophe crée un double lien, qui est en fait une double source de liberté. Liberté de penser avec quelques autres qui ont fait le choix d'avancer ensemble. Liberté d'agir avec les autres pour que les changements apportés aillent dans le sens de l'humanisation des hommes.

En t'appelant ami, je suis proche de toi sans pour autant être familière. Je suis proche, parce que les situations que tu vis, les difficultés que tu rencontres, les pressions que tu supportes, les plaisirs que tu découvres te mettent au plus près de ce que Montaigne appelle *l'humaine condition* et de ce que Balzac décrit dans sa *comédie humaine*. Sans le savoir, tu te meus sur le terrain de la philo, qui pense la condition humaine à travers ses manifestations particulières à tel endroit, à tel moment, avec tels individus et avec tels groupes. Je ne serai pas familière, car je n'utiliserai ni les formules ni les supports auxquels l'entreprise t'a habitué. Ces formules sont trop « anglalambiquées » et ces supports trop instrumentaux pour pouvoir générer la clarté et la souplesse dont nous avons tous besoin pour cheminer dans un environnement de plus en plus complexe et qui change de plus en plus rapidement.

Peut-être es-tu brusqué par mon tutoiement. Sache qu'il me vient de loin, de mon pays d'origine, qui est aussi la terre natale de la philo. En Grèce ancienne, il ne venait même pas à l'esprit d'une personne d'en vouvoyer une autre.

L'autre apparaissait comme un et non comme plusieurs, question de bon sens. Le « nous » de majesté, dont le « vous » est le corréla est invention tardive et saugrenue. Dans la Grèce actuelle, où tu as peut-être déjà voyagé, le tutoiement surgit spontanément.

L'amitié qui me lie aux managers avec lesquels je travaille et que j'éprouve pour celui qui, j'espère, sera mon lecteur, m'impose des exigences. Le livre qui suit y obéit. Cette obéissance lui donne une allure à laquelle tu n'es sans doute pas non plus accoutumé.

Car à la proximité de ma lettre, qui exprime mon amitié philosophique, succédera une écriture distante et par moments aride. Philosopher, c'est prendre du recul vraiment. Prendre vraiment du recul, ce n'est pas reculer pour mieux voir, mais sortir de son champ de compétence et d'intérêts, passer à un autre registre, changer de posture, s'imprégner de culture.

Le champ de la philo est là où souffle l'esprit. L'esprit est cette respiration accompagnée de parole qui fait de moi un être qui crée des liens avec d'autres esprits et pose, avec eux, la question du sens.

En posant la question du sens, l'esprit me désenglue de la préoccupation immédiate, lorsque celle-ci ne menace ni ma vie, ni ma dignité : évoquer, par exemple, le visage d'un être que j'aime, relativise mon souci professionnel du moment.

En posant la question du sens, l'esprit me libère de la pression utilitaire, lorsque celle-ci ne concerne pas ma survie : me rappeler, par exemple, que le propre de l'être humain est de trouver des issues me situe au-dessus de l'intérêt du moment.

En posant la question du sens, l'esprit me détache du goût du pouvoir pour le pouvoir : penser le pouvoir comme un moyen de réalisation et non comme un but me place hors d'un combat qui use et détruit.

Le registre de la philo est celui de l'examen critique. L'intelligence critique se méfie des apparences, traque l'invisible derrière le visible et, pour cela, questionne et se questionne.

Dans son désir de comprendre pour mieux agir et vivre, l'intelligence critique ose des démarches déroutantes : scruter, par exemple, l'inconscient de l'entreprise pour y chercher ressorts et résistances cachés.

Dans son désir de comprendre pour mieux agir et vivre, l'intelligence critique propose le questionnement afin de repérer et bien poser le bon problème : arracher, par exemple, l'entreprise à l'illusion que la solution sort, outillée, de la tête de Jupiter.

La posture philosophique est, par contraste, celle de la vie, qui ne cesse de nous affecter et de nous surprendre. La vie puise son énergie dans sa propre force, qui consiste à se renouveler infatigablement.

Dans son élan pour ouvrir des portes, portes blindées, simplement verrouillées ou entrebâillées, la vie fait appel au cœur : sentir une atmosphère, une humeur, un courant, un court-circuit.

Dans son élan pour ouvrir des portes pour mieux agir et vivre, la vie ne planifie jamais, elle bricole toujours : tâtonner, errer, tirer leçon de l'erreur, intégrer ingénieusement l'imprévu.

Dans son élan pour ouvrir des portes pour mieux agir et vivre, la vie ne cesse de s'émerveiller de ce qui peut laisser les autres indifférents : chaque instant, chaque jour sont nouveaux pour elle, et tout homme est plein de ressources ignorées.

La culture philosophique est celle qui pousse grâce à notre fréquentation détendue des philosophes. La culture n'est pas érudition, mais respiration.

Dans leur désir commun d'apprendre pour mieux agir et vivre, l'intelligence et la vie se nourrissent de ceux qui ont eux-mêmes cherché à comprendre dans ce but : se rappeler Montaigne, par exemple, pour voir et pour vivre autrement la diversité mouvante de notre condition.

Dans leur désir commun d'apprendre pour mieux agir et vivre, l'intelligence et la vie portent chaque lecteur à faire sa propre cuisine à partir des aliments proposés : puiser dans les pensées différentes ce que notre instinct estime bon pour nous.

La culture, la vraie, apporte le questionnement émerveillé que cherche à nous transmettre Le Petit Prince : *« On ne voit bien qu'avec le cœur. L'essentiel est invisible pour les yeux. »*

Située hors du champ de l'entreprise, déployant un registre auquel celle-ci n'est pas habituée, adoptant une posture à rebours de ses penchants à la planification, se nourrissant d'une culture indifférente au monde des affaires, la philo est, pour ces raisons mêmes, la meilleure amie du manager. Elle lui murmure infatigablement à l'oreille : avant d'être manager, tu es homme parmi les hommes. Homme parmi les hommes, tu es toujours l'enfant que tu as été. Cet enfant sait voir ce que les yeux ne voient plus. Cet enfant peut sentir ce que la raison ne capte pas. Partout où tu es, tu rencontres des êtres humains qui te rencontrent.

Où que tu sois, tu es de passage comme dans la vie. Ce qui importe, c'est de passer quelque chose à quelques autres en passant. Pour que ceux-ci puissent à leur tour le passer. Celui qui est homme avant d'être ceci ou cela cherche et crée du sens. Ce quelque chose que tu as à passer, c'est du lien et c'est du **sens**.

Ami manager, à présent c'est à toi de jouer. Exerce sur ce qui suit ton esprit critique et n'oublie jamais que les clés sont en toi et non dans les livres.

Post-scriptum à la lettre au manager ou comment apprivoiser ce livre

« Qu'est-ce que signifie "apprivoiser" ?

... Cela signifie "créer des liens"... »

Le Petit Prince

Pour que ce livre devienne ton livre, Ami manager, prends ton temps pour y frayer ton chemin. En le feuilletant, ton regard apercevra qu'il comporte des parties, des chapitres, des notes en bas de page, des points culture et un lexique.

Les parties sont en fait les deux volets de la même fenêtre. La fenêtre donne sur la rencontre entre la philo et l'entreprise. En poussant le premier volet, tu verras comment la philo permet de penser autrement l'entreprise. En poussant le second volet, tu verras comment la philo peut t'accompagner dans ta délicate mission de manager.

Les chapitres sont faits de réflexions philo, d'exemples, d'éclairages philosophiques et de recommandations pratiques. Réflexions, illustrations, éclairages culturels et recommandations sont tricotés avec les mêmes aiguilles. Il n'y a pas, d'un côté, la théorie, et de l'autre côté la pratique. Il y a une manière de poser les questions et de poser des actes à partir de ces questions, qui rend la réflexion agissante et l'action réfléchie.

Les notes en bas de page, rédigées pour préciser certains points, ne sont pas indispensables pour suivre le sens que ta lecture fait circuler sur les pages. Elles sont là, disponibles tout simplement.

Les points culture, indiqués par une étoile et situés en troisième partie, sont aussi à ta disposition pour le cas où tu souhaiterais retrouver des connaissances que tu as oubliées ou trouver certaines que tu n'as pas encore.

Le lexique, qui reprend les mots imprimés en gras, souhaite te fournir la définition simple de certaines notions que nous utilisons tous sans toujours pouvoir nous les expliquer clairement.

L'ordre des chapitres n'est pas fortuit. En suivant son parcours, tu constateras que tu avances dans la complexité des choses. N'hésite pas à faire des pauses. Tu peux commencer la lecture par le début comme tu peux commencer par le lexique. Tu peux lire d'abord les points culture, et laisser les chapitres pour plus tard. À toi de créer ton rapport personnel à ce livre.

« L'important, c'est le chemin. »[1]

1. Ce fragment du poème de Machado est devenu la devise d'Edgar Morin.

PARTIE I

3, 2, 1...
DE LA PHILO
POUR L'ENTREPRISE !

« Je l'interrogeais brusquement :
Tu viens donc d'une autre planète ?

Il était donc un petit prince...

Chaque jour, j'apprenais quelque chose sur la planète, sur le départ, sur le voyage. Cela venait tout doucement, au hasard des réflexions... »

Le Petit Prince

L'on dit du philosophe qu'il plane. Cette image place le philosophe hors du monde de l'action. Étranger aux affaires et aux combats, le philosophe voyagerait dans ses pensées. Platon raconte que, à force d'observer le ciel, Thalès était tombé dans un puits. Aristophane représente Socrate dans une corbeille suspendue aux nuées. Planer, c'est se mouvoir dans le ciel en donnant l'apparence de l'immobilité. La terre vue du ciel, voilà l'image qui colle au philosophe.

Planer est le propre des astres errants. Les astres errants brillent la nuit d'une lumière qui leur vient d'ailleurs. D'astres de feu, comme le soleil. Notre Terre, Uranus, Mars, Vénus, sont des planètes. Dire du philosophe qu'il plane, c'est dire qu'il est sur une autre planète. Ou qu'il en vient.

C'est le cas du Petit Prince que rencontre Antoine de Saint-Exupéry. Venu d'une autre planète, le Petit Prince voit la nôtre d'un œil tout neuf. Il voit ce que nous ne voyons plus. Il pose des questions que nous ne posons plus. Il nous rappelle que le déplacement n'est pas un voyage. Que gagner du temps, c'est rater la promenade vers la fontaine. Que les étoiles sont belles à cause d'une fleur qu'on ne voit pas. Qu'un coup de vent suffit pour éteindre la plus puissante des lampes. Que les hommes manquent de racines.

L'entreprise et la philo ne sont pas sur la même planète. Grâce à cela, elles peuvent se rencontrer. La rencontre est le croisement de deux différences. La rencontre surprend, et la surprise effraie toujours un peu. On peut rester sur la peur, et ne rien entreprendre. Mais on peut aussi s'emparer de la surprise pour apprendre.

Un, deux, trois… dit l'homme d'affaires. Trois, deux, un… dit le philosophe, qui prend sa fusée pour atterrir.

Chapitre 1

Où le manager rencontre le philosophe

Embarquement dans un environnement opaque et fluctuant

Horloge ou navire, l'entreprise est aujourd'hui composée d'hommes et de femmes qui contribuent fortement à sa réussite. Mode ou conviction, les entreprises accordent une place privilégiée à l'importance du management dans leurs discours.

Peu importe ici ce que l'entreprise est, ce qu'elle vise et ce qu'elle veut. L'important est que l'entreprise demande à des femmes et à des hommes de manager leurs collaborateurs, de former de véritables équipes et de les porter.

Le manager a un rôle de capitaine dans une réalité embarquée dans un monde opaque et fluctuant. Capitaine de son équipe, le manager n'est pas seul à bord. Il a à s'accorder avec ses pairs, les autres capitaines, pour entraîner ses hommes à tenir le cap. Tenir le cap, c'est obéir intelligemment à l'orientation fixée par un corps de décision, situé au-dessus de lui.

Cet au-dessus est soumis aux humeurs changeantes du ciel. D'une limpidité toujours provisoire, chargé ou assombri de nuages aux formes mouvantes, gros de tempêtes aux effets imprévus, le firmament n'a pas l'éternité que lui attribuaient nos ancêtres.

Une entreprise est une réalité ébranlée de tous côtés, toujours prête à sombrer, ayant pour point d'Archimède* la qualité synergique de ses ressources humaines mise créativement au service du client.

Qu'ils soient directeurs, cadres dirigeants, responsables de service, pilotes de projet ou chefs d'équipe, les managers sont – ou ne sont pas – un appui capable de supporter une charge exposée aux aléas des environnements et à l'avenir incertain.

Qu'ils soient considérés comme les rouages d'une mécanique ou les membres d'un équipage, les managers n'ont pas le choix, ils sont embarqués.

Un esprit généraliste et une conduite de sage

Embarqué, le manager a affaire à l'humain de l'entreprise. Pour mener cette affaire, le manager doit être diversement doté et doué. La conduite des êtres les plus complexes que la nature a produits exige des compétences singulières.

À un être qui parle, il faut savoir parler. À un être pourvu de **raison**, il faut savoir expliquer. Un être empli de sentiments a besoin d'être encouragé et reconnu. Chaque être est un individu unique qui pense, sent et vit à sa façon. Chaque être humain vise son intérêt propre, mais ne peut exister sans les autres. Chaque être parlant, composé de cœur et de raison, à la fois centré sur lui et nécessiteux des autres, est une énigme pour les autres et pour lui-même.

L'existence, dans l'univers, d'un animal parlant, composé de cœur et de raison, est un mystère. Pour traiter cette complexité, des savoir-faire particuliers sont indispensables.

- Communiquer de manière appropriée en choisissant les mots et le moment ;
- Savoir dire le pourquoi, le pour quoi et le comment de manière intelligible ;

- Savoir prendre l'autre par ce qui le touche sans pour autant l'affecter ;
- Savoir concilier les intérêts individuels avec l'intérêt collectif.

Ces savoir-faire impliquent des connaissances incarnées en aptitudes. Le manager a à être un pédagogue, un psy, un entraîneur sportif, tout en ayant une connaissance globale du métier de ses collaborateurs, du projet stratégique, de l'organisation et du fonctionnement de l'entreprise.

Ce que l'entreprise exige aujourd'hui du manager, c'est d'être un généraliste de l'humain et un homme exemplaire. Un généraliste qui agit sur les comportements humains. Un homme exemplaire au service d'un collectif.

La croisée des chemins

C'est ici que le chemin du manager croise celui du philosophe. Le philosophe sait que la complexité mouvante de la réalité se dérobe à tous les savoirs spécialisés. Il sait aussi que chaque individu est une unité indivisible et mouvante qui échappe à toutes les prévisions.

Cette conscience, au lieu de lui faire peur ou de le décourager, l'enthousiasme et l'aiguillonne. Irréductible à tous les savoirs spécialisés, la réalité est richesse inépuisable qui attise la curiosité. À la fois savant et dément[1], rationnel et affectif, profane et mystique, asocial et sociable, permanent et changeant, tout individu est une terre inconnue qui sollicite l'attention. Le philosophe ne se lasse pas de désirer comprendre.

1. C'est Edgar Morin qui introduit, contre la formule *homo sapiens sapiens,* celle d'*homo sapiens-demens.* Selon Morin, l'apparition d'*homo* dans l'univers ne se caractérise pas par la seule capacité de connaître rationnellement, mais aussi, en même temps et complémentairement, par sa capacité d'imaginer, de rêver, de délirer.

La conscience des limites de tous les savoirs, ainsi que de ses propres limites, ouvre l'esprit et délie la langue. Ne préjugeant de rien, le philosophe porte sur tout un regard toujours nouveau. Cherchant à apprendre et à comprendre, il prend à chaque instant le risque de la vraie communication, celle qui relie l'homme à l'homme, sans écrans[1].

Le philosophe ose avouer son ignorance, exprimer ses incertitudes, poser des questions. Il apprend sans cesse des situations, des autres, de ses erreurs, de ses réussites, de ses lectures, de ses rencontres, de ses voyages. Sa non-spécialisation, liée à l'apprentissage infatigable, fait du philosophe un généraliste de l'humain et un homme exemplaire.

Exemplaire en ce sens qu'il sait et dit ne pas se suffire à lui-même. Car seul peut agir sur les autres en vue d'un intérêt commun celui qui a besoin des autres pour se construire.

Être philosophe, être un philosophe

« Être philosophe », ce n'est pas être « un philosophe ». Un philosophe est l'auteur d'une interprétation originale du monde. Platon, Leibniz, Kant, Nietzsche, Bergson et, plus près de nous, Michel Foucault sont des philosophes. Nous parlons de « la philosophie » de Platon, de Leibniz, de Kant, de Nietzsche. Nous pouvons préférer la vision de Nietzsche à celle de Kant, ou trouver Nietzsche insupportable. Ceci n'est pas important. Une philosophie n'est pas là pour que nous y adhérions, mais pour que nous apprenions qu'il existe une multiplicité de façons de voir et de comprendre le monde. Une philosophie n'est pas une religion, même si son auteur est convaincu que son approche des choses est la meilleure. Une philosophie est l'aventure d'un esprit qui cherche à englober ce qui se dérobe de toutes parts.

---

1. *Cf.* plus loin, la communication selon Jaspers, p. 92 et suivantes.

Être philosophe, faire de la philosophie

Être philosophe, ce n'est pas non plus se mettre à l'étude des philosophes. La lecture des philosophes est, sauf rare exception, ardue. Un philosophe, quand même il rédige avec grâce, n'est ni romancier ni poète. Son but est de réfléchir avec rigueur et obstination afin de rendre la complexité du monde et de l'homme un peu moins opaque.

Ce but le rapproche du scientifique. Aussi, chaque philosophe forge ses propres **concepts** pour pénétrer l'énigme des choses. Pour se familiariser avec les concepts et les démarches philosophiques, il faut à la fois des connaissances et de la patience. De surcroît, au fur et à mesure que l'histoire avance, chaque philosophe est pris dans l'histoire de la philosophie qui s'allonge au fil du temps. Ainsi chaque philosophe est obligé de se situer lui-même dans cette histoire en se référant à ses prédécesseurs. La familiarisation avec les concepts demande donc elle-même une connaissance assez poussée de l'histoire de la philosophie.

Le paradoxe de « la philosophie », c'est qu'alors que chaque philosophe est un généraliste, son langage est trop souvent difficilement perméable à ceux qui ne s'y sont pas suffisamment attelés. Mais peu importe.

Être philosophe, c'est s'intéresser à ce qui intéresse un philosophe : l'ensemble de la réalité dans sa diversité. Être philosophe, c'est avoir une tournure d'esprit philosophique : questionner les situations à partir de soi en se remettant soi-même en question. Être philosophe, c'est aussi avoir certains des traits du sage : se détacher progressivement de l'arrogance naturelle de l'ego et de la tentation du pouvoir pour le pouvoir.

Être philosophe, c'est aimer la vie.

Chapitre 2

Quand un philosophe s'aventure en entreprise

Ma rencontre avec l'entreprise, en 1994, m'a remplie d'émerveillement et d'étonnements.

De l'Éducation nationale à l'entreprise

Je venais de quitter l'enseignement pour ouvrir un cabinet de philosophie. Mon but était de prouver la nécessité vitale de la philo pour naviguer dans un monde de consommation troué par le non-sens. Un de mes premiers rares clients était directeur de ressources humaines. Il est venu avec la question suivante : « Pourquoi, malgré un fort investissement de l'entreprise en formations au management, centrées autour de la responsabilité/délégation, nos managers ont-ils toujours tant de mal à déléguer ? » J'ai demandé : « Les avez-vous fait réfléchir sur le sens de la responsabilité et de la délégation ? » Sa réponse m'a donné l'idée d'aller voir de mes propres yeux : « Non. Les formateurs leur ont donné des outils. » Pour le regard d'un philosophe, il est impossible de réussir le « comment » sans comprendre le « quoi ».

Henri Lachmann, actuellement PDG de Schneider, intrigué par ma démarche, m'a ouvert les portes de son entreprise, qui était à l'époque Steelcase Strafor. « Venez observer chez nous, je vous donne carte blanche, vous me direz ce que vous en avez pensé. » La carte blanche m'a permis de faire, sans le savoir, un audit dans tous les secteurs et à tous les niveaux, représentants du personnel compris. Ma demande était simple : « Parlez-moi de cette entreprise à partir de votre poste d'observation. »

Mes premiers étonnements

Mon émerveillement est venu de ma propre découverte. Pour la première fois, je me trouvais dans une organisation humaine où tout était subordonné à un but commun : fabriquer et vendre du bel équipement de bureau. Pour la première fois, je me trouvais en face de gens soumis à une obligation de résultats : faire la preuve de sa contribution à la réussite de la société. Dans l'enseignement, vu de ma lorgnette, nous étions au service d'objectifs individuels et nous gagnions la même chose quelle que fut notre efficacité pédagogique. Dans la vie politique, vue de mon hublot, tous sauf exception visaient leur intérêt personnel sous couvert d'intérêt public et n'étaient guère sanctionnés pour leur insuffisance en résultats.

Mon émerveillement a été aussitôt accompagné d'étonnements. Le but commun était rarement vécu comme tel. Entre les services et les niveaux, il y avait des parois forgées par des ignorances, des méfiances et des rivalités réciproques. La plupart de mes interlocuteurs étaient conscients des cloisonnements, parlaient de transversalité nécessaire, mais semblaient avoir du mal à passer de la conscience à l'action.

Au sein d'une équipe, le travail n'était pas si commun que ça. Les problèmes rencontrés étaient dissimulés plutôt que partagés, l'individualisation progressive des primes jouait souvent à l'encontre de la collaboration. Entre le « manager » et ses « collaborateurs », le courant passait ou ne passait pas. Et cette transmission ou ce court-circuit d'énergie ne faisait pas l'objet d'un dialogue donnant la possibilité de dire, et de comprendre ensemble, un fonctionnement qui les concernait tous.

Les mots employés pour désigner les choses étaient rarement définis et souvent opacifiés par l'anglicisation du vocabulaire. Les termes de « management » et de « communication » étaient alors un fourre-tout. Les notions associées de « leadership », de « responsabilisation », de « transparence », de « qualité totale » brassaient davantage de brouillard qu'elles ne produisaient d'éclaircies.

Souvent, un problème technique surgissait, puis se reproduisait, pour la simple raison qu'on avait manqué de bon sens ou qu'on n'avait pas pris la peine de réfléchir ensemble sur la raison de faire ainsi plutôt qu'autrement. Souvent, un malentendu jaillissait, puis s'amplifiait, par le simple fait qu'on n'avait pas osé, ou estimé utile, d'exprimer aussitôt son ressenti, son point de vue, son doute, ses questions. Souvent, la solution et l'initiative ne venaient pas parce qu'on n'imaginait pas ses collaborateurs, ses collègues et soi-même capables d'avoir une bonne idée ou que, à force de faire bien la même chose, on avait l'esprit enlisé dans cette chose.

En somme, je faisais conjointement deux découvertes contradictoires. D'une part, je découvrais que l'entreprise était une réalité particulièrement intéressante pour le philosophe, par nature soucieux de comprendre et de transformer cette compréhension en source d'actions dans l'intérêt commun. D'autre part, je m'apercevais que cette réalité était comme aveugle sur sa finalité et ses ressources, menée par la pression/passion de la vitesse jointe à l'idée que penser prend du temps, troublée enfin par ses **non-dits** et ses maldits.

Ces deux découvertes étaient indissolublement liées à une troisième, qui pointait à nouveau une contradiction. Chacun de mes interlocuteurs, pris individuellement, était remarquablement intelligent. Mais il y avait une forte déperdition d'intelligence dès que ces mêmes personnes avaient à travailler ensemble.

Le philosophe est un éternel recommençant[1]

Le philosophe ne redoute pas la contradiction. Bien au contraire, il y voit un terreau particulièrement fertile. L'homme, le vivant le plus formidable de notre univers, n'est-il pas un nœud de contradictions ? Notre univers, qui a généré ce système hypercomplexe qu'est le cerveau, n'est-il pas composé de la complémentarité d'une multitude d'antagonismes ? Le propre de la vie n'est-il pas de se nourrir de mort, de transformer en permanence la dégradation inévitable de la matière en source nouvelle d'énergie ?

Mon échange avec Henri Lachmann a confirmé ma vocation naissante. J'ai senti que l'entreprise, qui avait jusque-là eu recours à des consultants en management, à des formateurs tous azimuts et à des psys, avait intérêt à se tourner vers la philo.

Démarche indépendante, qui cherche à comprendre pour agir et non à instruire ou à appliquer, la philo m'a semblé pouvoir apporter aux hommes et aux femmes qui travaillent en entreprise le décalage et l'ouverture nécessaires pour traverser les difficultés et transformer le vécu en expérience.

Et, pour commencer, au manager, levier décisif de la réussite de l'entreprise.

---

1. L'expression est du philosophe Maurice Merleau-Ponty.

Chapitre 3

Qu'est-ce que la philo ?

La philo surgit là où l'esprit s'éveille

L'esprit s'éveille dès que l'homme s'échappe de l'immédiat. L'immédiat, c'est tout ce qui m'affecte et me contraint directement dans mon présent. Mon irritation d'être retardé par une circulation encombrée, mon attention absorbée par la situation dans laquelle je me trouve, ma tension rivée aux moyens d'atteindre un objectif ôtent toute distance entre moi et le monde, entre moi et moi.

Aux prises avec l'immédiat, sur le coup, mon intelligence reste fort active. J'ai, en effet, vitalement besoin de traiter intelligemment ce qui est là. Mon quotidien est truffé de ces actes pragmatiques grâce auxquels mon intelligence me tire d'affaire et me fait avancer dans ma tâche. Mais l'activité de l'intelligence est, dans ce cas, tout entière subordonnée à la nécessité de traiter l'actuel. Et une intelligence qui ne va pas au-delà du traitement de l'immédiat enlise l'individu dans la matière.

Échapper mentalement à l'immédiat, c'est commencer à philosopher

Commencer à philosopher, c'est me rappeler que le présent que je vis n'est qu'un point dans l'immensité des choses qui existent. C'est aussi me rappeler qu'un changement d'attitude intérieure de ma part modifie les données extérieures. C'est enfin me dire que la concentration de mon intelligence sur le présent limite inévitablement le champ de mes possibles.

Le retard qui, sur le coup, m'exaspère est peut-être porteur d'une formidable opportunité. Mon attachement obstiné au plan d'action élaboré peut devenir un obstacle pour atteindre mon objectif. En changeant de regard sur mon retard, j'ouvre une perspective tout en faisant sauter un verrou intérieur. En me détournant de mon plan pour repenser mon objectif, je crée un vide par lequel l'imprévu fertile peut arriver.

Échappé à l'immédiat, l'esprit me rend disponible.

La philo se reconnaît par une attitude de disponibilité

Être disponible, c'est être ouvert. L'ouverture est l'état de celui qui, n'ayant pas d'idées préconçues, n'étant pas prisonnier d'un programme déterminé ni occupé par une d'action en cours, est perméable. La disponibilité laisse advenir et accueille le nouveau, l'inattendu, l'imprévu. Ce faisant, elle me permet de me rafraîchir, de me ressourcer, de me renouveler.

Me rendre disponible, c'est adopter la posture philosophique. Je deviens philosophe à partir du moment où je m'étonne, non pas de l'extraordinaire qui survient, mais de l'ordinaire qui continue d'être. Je suis philosophe déjà, parce que la curiosité et l'étonnement m'incitent à exercer le pouvoir généraliste de mon esprit en m'interrogeant sur tout. « Tiens ! que signifie ce "bonjour" qu'on se dit machinalement tous les matins ? »

Disponible, l'esprit me libère de mes mécanismes en les questionnant.

La philo est apprentissage de la liberté

La **liberté** n'est ni l'indépendance ni la possibilité de faire ce que je désire. Elle réside dans le fait de ne pas subir ce qui m'arrive, de ne jamais m'assujettir à un autre ou à un **système**.

Embarqué dans le réseau d'interdépendances qui constituent, en les reliant, la société humaine, la société de mon pays, la société de mon milieu, ma famille, mon environnement professionnel, j'exerce ma liberté en mettant en doute conventions et idées reçues pour penser et vivre cet embarquement par moi-même.

Amené très souvent à suivre des **décisions** qui ne sont pas les miennes et à respecter des règles que je n'ai pas créées, j'exerce ma liberté en veillant à ce que je ne suive jamais ce qui contredit mes valeurs fondamentales. Ces valeurs recouvrent ce qui fait que, à mes yeux, la vie humaine vaut la peine d'être vécue.

En me libérant, à la manière des Stoïciens*, de la pesanteur des choses qui ne dépendent pas de moi, l'esprit me donne le pouvoir d'intervenir dans le cours des choses.

La philo m'ouvre le monde

Le monde est ce qui est perçu, représenté, outillé, construit, détruit par les hommes, ces vivants singuliers dotés de parole dans un univers à jamais silencieux. Le monde naît à moi dès lors que je peux m'y situer et en utiliser des morceaux en mettant des noms sur les choses. Mais le monde s'ouvre pour moi à partir du moment où, me décalant des perceptions, des représentations, des outils, des constructions, je lui pose la question du sens.

Pourquoi, pour quelles raisons et dans quel but y a-t-il quelque chose plutôt que rien ?[1] Pourquoi y a-t-il les **mythes**, les **religions**, les **arts**, les **techniques**, les philosophies, les **sciences** ? Quels sont les liens entre les techniques et les mythes, entre les mythes et les sciences ? Qu'est-ce qui pousse l'homme à détruire ce qui existe, à démolir ce qui est construit... ?

La question du **sens** se pose dans tous les domaines et à tous les niveaux. Existentiellement : la vie humaine a-t-elle un sens qui transcende le processus biologique de la vie ? Mon existence a-t-elle un sens... ? Civilisationnellement : pourquoi la civilisation ? Les différentes civilisations ont-elles un sens commun ? Quel est le sens de la civilisation occidentale... ? Relationnellement : les rapports interindividuels ont-ils un sens qui transcende l'intérêt ? Quel est le sens de tel et de tel comportement dans telle et telle situation ?

En m'ouvrant le monde, la philo me met sur la voie de l'action.

La philo trouve son accomplissement dans l'action

Agir, c'est passer du choix effectué par la volonté à la réalisation de ce choix. Je choisis lorsque, parmi les options que me présente ma pensée, je retiens l'une d'entre elles en éliminant, dans l'immédiat, toutes les autres possibilités. **Choisir**, c'est toujours renoncer.

---

1. Pour le philosophe Leibniz, cette question est le problème fondamental auquel cherche à répondre la philosophie. Il s'agit d'un problème métaphysique, c'est-à-dire situé au-delà du physique et ne pouvant, de ce fait, être abordé de façon empirique ou expérimentale.

Je transforme mon **choix** en action quand je décide de livrer l'objet de mon choix au cours incertain des événements. Ce cours est irréversible et imprévisible. Agir, c'est risquer.

Risquer, c'est me risquer à adapter mon comportement aux circonstances pour donner chair à l'option prise par ma volonté. Le passage du choix à l'action comporte inévitablement des décalages. Agir, c'est accepter que les choses n'obéissent pas à mon plan.

En me portant à naviguer dans le cours incertain du monde, la philo m'apprend à vivre[1].

Apprendre à vivre, philosopher, c'est apprendre à être simple.

---

1. L'expression est de Montaigne. *Cf.* plus loin, p. 125 et suivantes.

Chapitre 4

Manager par la simplicité !

La simplicité ou ce qui ne fait pas de plis inutiles

Ce qui m'étonne quand je suis en entreprise, c'est la rareté de la simplicité dans le management des hommes.

La simplicité est le propre de ce qui est sans plis, de ce qui se présente sans détours ni écrans. Cette caractéristique ne se trouve ni dans les choses, ni dans les situations, ni dans les êtres, ni dans les organisations. Toute réalité est composée d'une multiplicité de facteurs et d'éléments interdépendants et interagissants. La simplicité est une production humaine. Nous qualifions de simple une façon de parler, de se comporter, d'être, de vivre. Chacun d'entre nous perçoit comme simple ce qui lui est directement accessible, ce qu'il peut aborder sans ambages ni ombrages. La simplicité est ce qui laisse entrer en se laissant aborder.

Dire « je ne sais pas »

Je suis étonnée par la difficulté des managers à dire « je ne sais pas » quand ils ne savent pas. Cette idée vient peu souvent à l'esprit du manager. Et, quand elle vient, elle s'encombre d'interrogations : « On ne croira pas que je ne sais pas, on pensera que je cache quelque chose. » Ou : « Que penseront mes collaborateurs d'un manager qui n'est pas lui-même mis au courant par sa hiérarchie ? » Tous ces encombrements viennent de ce que l'on se préoccupe des images au lieu de s'engager dans une relation simple qui arrête ou atténue la rumination.

Dire « je ne sais pas » quand je ne sais pas et rester constant dans cette attitude, c'est me montrer à l'autre dans ce qui constitue mon **humanité** et, par voie de conséquence, l'encourager à assumer la sienne. Il est de la nature de l'être humain de ne pas tout savoir, même dans le domaine qu'il maîtrise le mieux.

Sans oublier que, pour chacun d'entre nous, la sagesse commence par la connaissance de nos **limites** et que, plus un scientifique avance en savoirs, plus il prend conscience de l'effrayante étendue de ce qui lui échappe.

Parler dans la langue de tous les jours

Je suis surprise par la candeur avec laquelle les managers acceptent et adoptent le jargon qui fait la fortune des consultants. Un manager ne demande pas spontanément à son supérieur ce qu'il attend de lui quand il l'enjoint à avoir du « leadership » ou de « coacher » son équipe. Et quand ce manager demande à ses collaborateurs d'être « force de proposition », il oublie fréquemment lui-même de préciser ce que le combiné de ces deux mots signifie pour lui. Ces omissions répandent une sorte de fumée qui, en embrouillant la pensée, encombre le chemin vers la réalisation. Cet encombrement est d'autant plus fort qu'il met les uns et les autres dans l'illusion de comprendre et de se comprendre.

Demander une explication, expliquer ce que je veux avec mes propres mots, ou donner à un mot importé le sens qui est le mien, c'est manifester ma volonté de promouvoir les relations de maturité. Je passe à l'âge adulte dès lors que je pense les choses par moi-même et que j'invite les autres à me rencontrer au niveau de cette pensée. Cela ne veut pas dire que je me désolidarise de la politique de l'entreprise mais que, au contraire, je me l'approprie pour la relayer.

Comprendre et faire comprendre, c'est prendre et faire prendre la réalité à traiter par l'anse avec laquelle les personnes concernées peuvent la porter[1]. Les mots sont autant aptes à nous éloigner des autres et des choses que de nous y faire accéder. Parler clairement, c'est entrer de plain-pied dans la réalité.

Exprimer sa pensée

Je suis surprise de la tendance à ne pas réagir aussitôt pour lever un doute, faire part d'un désaccord, montrer sa joie ou sa peine. Beaucoup plus souvent qu'on imagine, les relations sont polluées parce que le manager n'a su manifester, ni aider à se manifester, ce qui, retenu, va inévitablement sécréter le malentendu. Cette réserve peut prendre source dans la connaissance supposée de la réaction de l'autre, dans une bonne intention ou dans la timidité. « De toute façon, ce n'est pas le genre à comprendre. » « Je ne souhaitais pas blesser l'autre. » « Je n'ai pas osé »

Exprimer mon ressenti, c'est attester de ma présence à la situation et de ma prise en compte de l'autre. C'est en même temps accepter de m'exposer à l'erreur, à la maladresse et, cela n'est guère exclu, à l'incompréhension, voire à l'agressivité de l'autre. Mais vivre, n'est-ce pas risquer pour améliorer sa situation ? Mais vivre, pour l'animal humain, n'est-ce pas exister par la communication avec autrui[2] ?

En prenant l'initiative de communiquer ma pensée et mon sentiment, j'ouvre la voie d'une relation vivante, c'est-à-dire à la fois directe et évolutive.

1. Cette expression est d'Épictète, le Stoïcien*.
2. Karl Jaspers. *Cf.* plus loin, p. 92 et suivantes.

Rire

Je m'étonne de la réticence à rire en entreprise où, pourtant, les situations comiques ne manquent pas. Même le manager qui ne se prend pas au sérieux se donne un devoir de tenue et préfère le sourire au rire. La question du « qu'en dira-t-on » revient sournoisement. « Que pensera mon supérieur, mon collègue, mon assistante qui, en passant dans le couloir, entend une ambiance de vacances plutôt que de réunion ? » Je me souviens d'une fois où, entraînant dans mon fou rire mon interlocuteur, directeur des ressources humaines, nous avons vu débarquer son assistante, affolée, dans son bureau. « Quelque chose ne va pas ? », a-t-elle demandé, débordante d'intentions protectrices.

En exprimant l'intense amusement que me procure une situation anodine, je fais émerger mon individualité à travers une propriété humaine fondamentale. L'homme est, de fait, le seul animal capable de rire de ce qui arrive et de ce qui lui arrive[1]. En déployant cette capacité, le manager crée un terrain détendu d'entente avec ses semblables dans un milieu criblé de contraintes crispantes et situé dans une vie dont le fonds est tragique[2].

Rire est un besoin vital et un moyen de tisser avec les autres des liens vivants.

---

1. L'on attribue à Aristote l'affirmation selon laquelle *« le rire est le propre de l'homme »*. De fait, seul un vivant capable de prendre du recul par rapport à ce qui lui arrive peut percevoir le comique d'une situation et de présenter celle-ci sous cet angle.
2. La capacité de prendre du recul par rapport à sa vie biologique rend l'être humain également capable de percevoir l'aspect tragique d'une existence exposée à la souffrance, à la violence, au malheur et à la mort. Platon observe qu'il appartient au même auteur de composer tragédies et comédies. L'histoire confirme cette remarque. Molière et Shakespeare sont doués à la fois du sens du comique et du sens du tragique.

Être simple parce que la vie ne l'est pas

Être vivant, c'est se situer, en toutes circonstances et dans tout contexte, dans le vif du sujet. Dans le vif de mon propre sujet – être au cœur de ma pensée et de mon sentiment actuels. Dans le vif du sujet des autres – m'adresser à eux, non à l'image que je veux leur donner ou à l'image que je suppose qu'ils ont de moi. Dans le vif du sujet à traiter – aller directement à l'essentiel et non tourner autour du pot. Me situer dans le vif du sujet, c'est accéder à la réalité du moment en la rendant accessible à ceux qui sont présents et en train de vivre ce moment.

La vie n'est pas simple. Elle est même ce qu'il y a de plus complexe dans l'univers. Pour nous autres humains, conscients du temps qui file et de la mort inévitable, la vie est un fleuve tourmenté. L'être humain n'est pas simple. Chacun d'entre nous est une énigme pour les autres et pour lui-même. L'entreprise n'est pas simple. Elle est même une des organisations les plus complexes que l'homme ait fabriquées, puisqu'elle est faite de l'entrecroisement de toutes les réalités contenues dans le monde. En entreprise, l'intelligence s'introduit dans la matière, les facteurs techniques se mêlent aux ressorts psychologiques, les enjeux économiques sont traversés par des jeux de pouvoir, la répétition et le renouvellement cohabitent de manière plus ou moins aisée. Et l'ensemble se trouve suspendu aux pulsations irrationnelles de ce *gros animal*[1] qu'est la Bourse, maîtresse tyrannique du marché.

1. Platon compare à un gros animal aux humeurs imprévisibles la collectivité humaine qui ne parvient pas à se constituer en communauté de citoyens visant l'intérêt public. Une telle collectivité est, au regard de Platon, une somme d'intérêts individuels qui se rallient et se combattent en fonction des opportunités du moment et des circonstances. Cette image convient aujourd'hui au marché, qui est une réalité impersonnelle animée par une multitude d'intérêts privés, divers et changeants.

La simplicité est l'attitude qui permet de cheminer dans un environnement complexe. Elle permet de réduire l'opacité que nous créons en traitant la **complexité** par la **complication**...

Chapitre 5

S'ouvrir des fenêtres

Le philosophe consultant devant la grille

Pour intervenir en entreprise, je dois combattre les obstacles particuliers produits par ce que j'appelle la « pulsion de mort »[1] en entreprise. L'une des manifestations de celle-ci est la peur de ce qui vient du dehors, peur dissimulée, entre autres, par l'engouement pour les modes en matière de management. La mode est rassurante. Sa raison d'être est d'être suivie. En adhérant aux mêmes signes visibles, les suiveurs de mode affichent l'appartenance virtuelle à un groupe artificiel qui n'exige de leur part aucun engagement. Ainsi, sans encourir le moindre risque, ont-ils le sentiment d'innover.

C'est en menant ce combat que, grâce à la résistance d'un interlocuteur, j'ai trouvé récemment un accès, une passerelle simple entre la philo et le manager. Mon interlocuteur de ce jour-là était le responsable du développement d'une grosse entreprise d'industrie automobile. J'étais en train de lui décrire le dialogue philosophique, lorsqu'il m'interrompit avec la question : « Quelle est votre grille de lecture ? » Sa question m'a procuré un sentiment si fort d'oppression et d'irritation mêlé que je n'ai pu en maîtriser la manifestation. Je me suis sentie prisonnière dans une cellule, contrainte à percevoir un paysage haché par les barreaux.

1. La « pulsion de mort », telle que Freud la définit, est le penchant inconscient qui me pousse à répéter au lieu de créer, à préférer le repos de la mort à l'inquiétude inhérente à la vie.

Constatant le langage de mon corps, il précisa : « Mais tout intervenant observe et travaille à partir d'une théorie ! » Dans ma tête se bousculaient les théories contradictoires des philosophes qui avaient nourri mon regard sans jamais le figer. Dans la bousculade, chacune de ces théories brillait par sa capacité de balayer l'ensemble de la réalité sans lui enlever ses zones d'ombre. Il continua : « Nous avons, par exemple, des consultants qui abordent coaching et team building sous l'angle de l'analyse transactionnelle. » Le contraste entre le mot « philosophie » et les mots « analyse transactionnelle » m'a frappée à ce moment-là pour la première fois. D'une part un procédé de dissection des relations humaines perçues comme des contrats et des compromis, d'autre part un élan de l'esprit, le désir de comprendre.

Pour sortir de la cage

Je répondis : « Je n'ai pas de grille. » Ma réponse l'étonna. « Mais vous dites que vous êtes philosophe. Vous avez des connaissances en sciences humaines. Votre grille est nécessairement systémique. » Cet adjectif, ce fourre-tout à la mode proposé par le consultant à son prospect, me fit passer du malaise à la révolte. Devenu « grille d'**interprétation** », le systémique se trouvait aussitôt dépourvu de son sens : la conscience de la complexité. Ainsi dépouillé, il produisait une illusion de spécialisation. Et cette illusion rassurait un interlocuteur soucieux d'« entraîner » ses managers, débordés de complexité et de travail, à « gérer » « rapidement » la « complexité » rencontrée au travail.

J'affinais ma réponse : « Je n'ai pas de grille, mais des fenêtres. » Ma réponse me soulagea. Au lieu d'une cour de prison, j'avais à nouveau devant moi un jardin. Elle ouvrit aussi mon interlocuteur. « Ah ! » Par cette brèche, un courant d'air traversa mon esprit. Je compris soudain ce que je pensais depuis toujours.

La philo ouvre les portes de l'intérieur et relie, par ce dedans ouvert sur le dehors, les individus entre eux, les individus à leur environnement proche, l'environnement professionnel au monde et à l'humaine condition. La philo n'a pas d'idée préconçue, elle questionne la réalité. En questionnant, elle cherche le sens et non pas la vérité[1]. Pour trouver le sens de la situation que des hommes sont en train de vivre, la philo invite les individus à démultiplier leurs points de vue en échangeant. Pour encourager l'échange, la philo rappelle à chacun qu'un grand philosophe, aussi génial soit-il, n'apporte jamais que des éclairements.

Du clos à l'ouvert : une expérience vécue

Et le souvenir d'Éric émergea, me fournissant un exemple vivant pour faire passer définitivement mon interlocuteur des chaînes de la grille à la liberté des fenêtres.

Éric venait d'être recruté comme responsable des ressources humaines dans le département logistique d'une importante entreprise de distribution. Ce recrutement était le fruit d'un choix croisé. Daniel, le directeur logistique avait choisi Éric autant pour ses compétences professionnelles que pour son caractère déterminé. Il avait en effet besoin d'une personne à la fois avisée et décidée pour réaliser son projet de professionnalisation du management. En même temps qu'Éric, Daniel avait recruté une jeune responsable qualité et un jeune responsable des approvisionnements. Éric, qui exerçait la même fonction dans une entreprise plus importante par sa notoriété et sa taille, avait été intéressé par le projet et la personnalité de Daniel. Éric avait besoin d'admirer son supérieur hiérarchique pour maintenir vivace sa motivation professionnelle.

1. C'est une idée du philosophe Martin Heidegger, reprise par Hannah Arendt, que la philosophie recherche le sens, contrairement à la science qui cherche la vérité.

Très vite, une divergence éloigna ces deux hommes liés par l'estime réciproque. Constatant le comportement arbitraire d'un certain nombre de managers, anciens ouvriers promus en responsables d'équipe, anciens chefs d'équipe promus en cadres, Éric se mit à exiger de la discipline, en fondant son intransigeance impatiente sur le respect du droit. Daniel, qui connaissait le dévouement à l'entreprise de ces « mauvais » managers, misait, pour les éduquer, sur les jeunes cadres qu'il venait de recruter. Au regard de Daniel, il était nécessaire d'offrir aux mauvais managers le soutien d'un consultant. Au regard d'Éric, l'intérêt collectif ne permettait pas qu'on investisse sur des « irrécupérables ».

Si les motifs de la divergence étaient franchement énoncés, la franchise ne faisait pas avancer les choses. Car les motifs masquaient leurs propres raisons. Chacun d'entre nous juge d'une situation particulière à partir de l'ensemble de son être, qui est structuré par des préjugés, des convictions, des vécus. C'est cet ensemble qui constitue les raisons propres à chacun. Engager le dialogue, c'est mettre provisoirement entre parenthèses la situation et la question du faire pour aller, avec l'autre, sur le terrain de l'être.

En allant courageusement sur ce terrain, Éric et Daniel se sont immédiatement trouvés hors de l'enclos de l'entreprise. La phrase de Daniel : « Moi, j'ai confiance en l'homme ! » renvoya Éric à l'une de ses contradictions fondamentales. Chrétien, il croyait ardemment en Dieu fait Homme mais ne faisait pas confiance aux enfants de Dieu. Daniel fut également renvoyé à lui-même. Il découvrait sa part de responsabilité dans le comportement de ses mauvais managers. Cette découverte, réalisée dans l'échange, révéla le vif de leur sujet. Ils avaient maintenant à confronter leurs **représentations** respectives de la « confiance » et de la « responsabilité », représentations ancrées dans leurs représentations respectives du monde.

Cette confrontation porta Éric et Daniel à quitter leurs grilles de lecture et à ouvrir leurs fenêtres. En abordant la question générale mais très concrète du lien entre confiance et responsabilité, ils arrivèrent à une entente et non à un compromis. Cette entente coïncida avec l'élaboration des principes de l'accompagnement des managers.

Mon interlocuteur comprit-il qu'être philosophe, ce n'était pas être un intello, mais un professionnel qui fait d'une situation banale l'occasion d'affronter une question de fond ? Je l'ignore, car je suis partie sans lui poser la question. Mais mon désir de faire connaître aux managers quelques actes qui peuvent enrichir, en le simplifiant, leur quotidien répond, de manière différée, à cette question, laissée sur le coup en suspens.

Partie II

La philo au quotidien

« Tu entends, dit le Petit Prince, nous réveillons ce puits et il chante…

Droit devant soi, on ne peut pas aller bien loin…
Les hommes, dit le Petit Prince, ils s'enfournent dans les rapides, mais ils ne savent plus ce qu'ils cherchent. Alors ils s'agitent et tournent en rond…

Les étoiles sont belles à cause d'une fleur qu'on ne voit pas… »

Le Petit Prince

Le quotidien est ce qui revient tous les jours. Ce qui tous les jours revient, c'est d'abord le jour. Ouvrir les yeux tous les matins, c'est être en vie. Pour aimer le quotidien, ce simple constat suffit.

Le quotidien est aussi ce qui se répète chaque jour. Ce qui se répète, ce sont d'abord nos habitudes. Les unes rythment notre vie, les autres rouillent notre esprit. Pour être bien au quotidien, il nous faut un esprit qui danse.[1]

Le quotidien est tel que nous le faisons. Nous pouvons fermer les yeux ou les ouvrir. Ouvrir les yeux, c'est changer notre rapport au monde. Changer notre rapport au monde, c'est changer le monde, un peu.

De quotidien en quotidien, la vie passe. Presser sans cesse le pas, c'est en accélérer le passage. Prendre les mêmes routes toujours, c'est manquer les chemins. Savoir ralentir et errer, c'est vivre une vie dense.

La philo au quotidien questionne le jour. Elle maintient le long du jour la clarté du matin. Elle croise les regards pour faire naître des chemins. La philo au quotidien appelle la vie partout où ses ennemis la guettent.

Manager au quotidien, c'est prêter son attention à l'éphémère. Faire les détours qui révèlent ce que l'itinéraire programmé empêche d'émerger. Faire confiance à la vie, qui évolue en innovant. Brancher la raison sur le cœur, pour qu'advienne l'intelligence de la vie.

---

1. Pour le philosophe Nietzsche, un esprit vraiment sérieux se caractérise par sa « légèreté » et le symbole de la légèreté est le mouvement grâcieux de la danse.

Chapitre 6

S'étonner pour avancer

Être ou ne pas être étonné

Notre expérience de l'étonnement est celle de la surprise face à un inattendu qui n'affecte pas profondément notre existence. Nous sommes étonnés de ne plus croiser ce voisin inconnu qui allait chercher son journal au kiosque à la même heure tous les matins. Mais nous sommes bouleversés d'apprendre qu'un de nos proches a été victime d'un grave accident, contents et perturbés d'une promotion qui implique notre expatriation.

L'étonnement est, pour nous, une attitude réactive de notre intelligence, lorsque celle-ci est confrontée à un fait qui marque une rupture dans nos habitudes. Dans le cadre de l'entreprise, cette attitude vient souvent du constat d'un dysfonctionnement mineur, du moins dans l'immédiat ou en apparence. Un manager s'étonne de voir que ce collaborateur rigoureux qui, habituellement, tient ses objectifs se trouve soudain sujet à des omissions et débordé.

Si nous faisons un point rapide sur nos étonnements, nous nous apercevons qu'ils sont plus rares que leur contraire. Combien de fois ne pensons-nous pas d'un collègue, d'un client, d'un parent : « Ça ne m'étonne pas de lui ! » Combien de fois, écoutant ou lisant les infos sur l'échauffement de notre planète, ne pensons-nous pas : « Ce n'est pas étonnant que la terre aille mal ! » Mine de rien, ce non-étonnement traduit un état d'esprit qui devrait plutôt nous inquiéter. Ne plus s'étonner des autres et des choses, c'est adopter l'attitude désabusée de l'Ecclésiaste : *« Rien de nouveau sous le soleil ! »*

Celui qui ne s'étonne plus ou s'étonne seulement quand un événement le sort de ses accoutumances a peu de chances de découvrir ce que la réalité contient de nouveau.

S'étonner et étonner

Or la réalité la plus habituelle porte en elle de quoi nous surprendre. L'autre, que nous croyons connaître et dont nous pouvons prévoir certains comportements, est *« un infini qui s'échappe à lui-même »*[1], un être aux rebondissements imprévisibles et aux ressources insoupçonnables. Le monde, dont le déclin nous semble irréversible, a déjà, à plusieurs reprises, infirmé les chroniques de sa mort annoncée en déployant des réserves inconnues de renouvellement. *« Le soleil est nouveau chaque jour ! »*, disait Héraclite*.

La réalité n'est en fait habituelle que si nous prenons nos habitudes pour la réalité. Dès que nous ouvrons les yeux, la réalité la plus banale s'ouvre à nous. Ouvrir les yeux alors même que rien ne nous y incite, c'est choisir l'étonnement comme posture **existentielle**. Cette posture consiste à se situer dans l'existence comme un inlassable apprenant. Aller au-devant des situations pour y cueillir le nouveau dissimulé dans l'ancien, le changement qui fourmille dans l'apparente répétition du même. Ne pas hésiter à questionner cela même dont nous pensons avoir fait le tour, interroger les réponses qui semblent pourtant mettre un terme à nos questions. Retrouver, en somme, la capacité d'émerveillement de l'enfant pour qui rien n'est acquis et tout est à comprendre.

---

1. L'expression est du philosophe Jules Lagneau.

Celui qui s'étonne ainsi détonne. Exprimer sa joie face à l'inattendu qui soudain réveille la pensée ou suscite l'admiration dérange, dans une civilisation dont l'une des obsessions est de « gérer » l'imprévu. Dire sa question, alors qu'autour de soi l'on croyait le dossier clos, déstabilise dans une société qui confond sécurité et clôture. Se méfier des apparences inquiète dans un monde où tout est sommé d'apparaître, y compris l'intérieur du corps et l'intimité. Chercher à apprendre des événements, interroger la réussite, utiliser l'échec comme un tremplin perturbe dans une culture du prêt-à-penser.

Celui qui s'étonne bouscule les codes et envoie promener les modes, non par esprit de révolte, mais par horreur du lisse et par besoin vital d'authenticité. Nous qualifions d'authentique[1] le texte qui est véritablement de l'auteur auquel on l'attribue et, par extension, l'individu qui pense et agit à partir de lui-même, qui exprime, en parlant et en agissant, ce qu'il est fondamentalement. Désirer l'authenticité, c'est rechercher une vraie rencontre entre soi et les autres, entre les choses et soi. Ce désir et cette quête perturbent tout particulièrement les milieux codifiés et consensuels. De cette perturbation peuvent éclore des fleurs merveilleuses. Étonner, c'est semer les germes de relations vivantes et de situations inédites.

S'étonner de la réussite

Un manager qui pratique l'étonnement s'étonne de ce qui a réussi. Ce faisant, il rompt avec le comportement habituel en entreprise, qui consiste à passer à autre chose dès qu'un projet est abouti ou un problème résolu.

1. Le mot authenticité vient du grec, *authentis*, qui désigne d'abord celui qui agit à partir de lui-même, qui est maître chez lui.

S'étonner d'une réussite, c'est d'abord trouver merveilleux que des hommes puissent accomplir ce qu'ils ont entrepris. Il n'était pas évident que ces hommes et ces femmes, soumis à de fortes contraintes, exposés à d'importants aléas et si différents entre eux, parviennent à boucler ce projet, à relever ce défi, à tenir les objectifs collectifs. S'arrêter un instant pour admirer, c'est reconnaître. En entreprise, on considère trop souvent l'arrêt d'un instant comme une perte de temps. Pourtant, on n'arrête pas de parler du besoin de reconnaissance.

En rachetant une entreprise au bord de la faillite pour élargir son périmètre d'activités, un groupe d'industrie électrique décide de remplacer le directeur général de sa nouvelle filiale mais de maintenir en place l'équipe des dirigeants. Le nouveau directeur travaille efficacement avec les collaborateurs de son prédécesseur, qui se montrent très coopératifs. Au bout d'une année, après un plan de licenciement réussi[1], une nouvelle organisation est mise en place et la situation financière commence à s'assainir. Tous s'accordent pour parler d'un rachat heureux, avec cependant un bémol qu'il est urgent d'entendre. Chacun regrette qu'« on » n'ait pas pris la peine de « remercier » les collaborateurs de l'entreprise rachetée pour leur contribution.

Tout « re » implique un retour. Remercier[2], c'est revenir vers ceux qui ont fait pour estimer le prix de ce qu'ils ont fait. Tout « on » signale la déresponsabilisation. En l'occurrence, personne ne s'est émerveillé d'une coopération qui n'allait pas du tout de soi. Et personne n'a pris l'initiative de dire : « Arrêtons-nous pour nous réjouir de ce que nous avons, par nos efforts et dans la difficulté, réalisé. »

---

1. En ce sens qu'il a fonctionné avec des départs à la retraite et des *outplacements* satisfaisants pour les individus concernés.
2. Merci vient du mot latin *merces*, qui signifie le prix, le salaire, la récompense.

S'étonner d'une réussite, c'est ensuite questionner ce qui s'est passé. Le tourbillon de l'action a levé une poussière qui a troublé la vue, confondu les rôles, brouillé quelques pistes, couvert plusieurs traces. Il n'est pas évident de savoir pourquoi ça a marché. S'arrêter deux ou trois heures pour interroger les acteurs et les faits, c'est transformer le vécu en expérience et l'expérience en leçon. En entreprise, on pense rarement à faire le point sur le réalisé. Pourtant, on ne cesse d'user de la formule « capitaliser sur l'expérience ».

Voici une équipe transversale très fière d'avoir mené à bien la création d'une nouvelle gamme de survêtements de sport. Il lui a fallu défendre le concept, puis, une fois le feu vert donné, affronter tous les trous et bosses de la route avec des voitures qui n'étaient pas des Roll's, gérer contraintes et imprévus, gober le stress généré par la confrontation de tempéraments différents soumis à des pressions multiples et variées. Le cri de la victoire : « On a gagné ! » et les félicitations reçues n'ont été suivies d'aucun questionnement.

Tout questionnement est une mise à l'examen. Examiner[1], c'est soumettre à l'aiguille de la balance, explorer minutieusement en essaimant des étonnements. Comment avons-nous pu orchestrer nos actes ? Quelles ont été les parts de la planification et de l'improvisation ? Qu'en fut-il de nos atouts et de nos handicaps ? Si c'était à refaire, que faudrait-il ne plus faire ? À défaut d'avoir mené ce questionnement, le manager a privé l'entreprise d'un archivage et ses collaborateurs d'un apprentissage.

---

1. *Examen*, en latin, signifie l'aiguille de la balance, cet instrument de la pesée.

Étonner pour être étonné

Un manager qui pratique l'étonnement en étonnant ses collaborateurs offre à ceux-ci l'occasion de surprendre leur entourage positivement. Pour le faire, il est obligé d'aller à l'encontre de ses tendances ou de ses préjugés.

Étonner les autres, c'est changer de comportement à partir d'une impulsion authentique, d'une sorte de revirement intérieur, de l'intime décision ou conviction qu'il est indispensable d'emprunter une autre voie. Il est essentiel de ne pas confondre cette façon d'étonner avec la volonté d'agir sur la perception que les autres ont de nous. Composer nos apparences pour induire l'image que nous souhaitons donner, c'est être dans la manipulation, cette technique qui consiste à surprendre l'autre pour exercer sur lui une emprise dont il n'a pas directement conscience. En entreprise, la manipulation est plus fréquente que l'authenticité, malgré les valeurs couramment affichées du « respect » et du « parler vrai ».

Jacky, manager d'une équipe de techniciens, est excédé par l'un de ses collaborateurs, moyennement compétent et particulièrement négatif dans son comportement. La relation est depuis plusieurs mois bloquée, Jacky redoutant dans l'agacement le comportement de son collaborateur et celui-ci confirmant en permanence la crainte de son manager en lui procurant de nouvelles raisons d'irritation. Jacky s'apprête à se séparer d'Hervé, mais hésite, parce que la perspective d'une séparation le gêne. Alors, en ultime recours, il a une idée : « Et si je faisais confiance à Hervé ? » Cette idée recoupait une question, que Jacky se posait pour la première fois : « Et si j'y étais aussi pour quelque chose dans le comportement d'Hervé ? »

Le changement de comportement de Jacky est une mise à l'épreuve authentique autant de lui-même que de son collaborateur. Intrigué par le changement d'attitude de son manager, Hervé commence par se montrer un peu moins négatif. Puis, il s'applique, réalise des choses qu'il n'avait pas pu réaliser jusqu'ici. Au bout d'un certain temps, la confiance accordée par Jacky se met à transformer la relation. Au rapport d'agacement réciproque succède un rapport où chacun essaie de surprendre positivement l'autre. En décrivant cette expérience, Jacky fait le récit de son propre émerveillement. Il n'imaginait pas qu'il suffisait de voir son collaborateur autrement pour que celui-ci devienne autre.

Les heureuses surprises que nous apporte l'étonnement nous renvoient aux origines de la philo.

En cheminant avec les philosophes grecs

L'acte de naissance de la philo vu par Platon et Aristote

La philo est née de l'étonnement, qui est un mélange de sentiment et de réflexion. Cette naissance concerne autant l'histoire de la philosophie que l'attitude philosophique.

Platon est le premier à décrire le tempérament et la démarche philosophiques. « *Il est tout à fait d'un philosophe, ce sentiment de s'étonner. La philosophie n'a pas d'autre origine.* » Le philosophe s'étonne de tout. Du ciel étoilé : « Comment se fait-il que cette voûte scintillante existe ? », se demande-t-il, émerveillé. De l'existence de l'homme : « Comment se fait-il qu'un être qui parle existe dans un univers silencieux ? », s'interroge-t-il du fond d'une sorte de vertige. De sa propre capacité de questionner et de se mettre en route par les questions que les autres lui posent : « Mais qu'est-ce que toutes ces choses merveilleuses qui m'environnent et m'arrivent ? » L'étonnement prend source dans l'émerveillement et s'alimente au questionnement.

Aristote confirme la description de son maître, dont il critique les idées pour construire sa propre pensée. « *C'est l'étonnement qui, en effet, poussa comme aujourd'hui, les premiers penseurs aux réflexions philosophiques... Apercevoir une difficulté et s'étonner, c'est reconnaître sa propre ignorance.* » Est philosophe celui qui transforme ce qui va de soi pour le commun des hommes en problème. Les problèmes ne sont pas donnés, ils sont élaborés par notre intelligence qui prend de la distance par rapport aux difficultés qui heurtent notre existence. Cette transformation s'accompagne de questions. Les questions sont le produit d'une intelligence qui cherche à découvrir, qui s'enquiert sur ce que perçoivent les sens en se demandant le quoi, le pourquoi, le pour quoi, le comment.

Platon invente la généalogie de l'étonnement. Le verbe grec pour dire l'étonnement est *thaumazein*. L'étonnement serait petit-fils de Thaumas[1], divinité marine, et fils d'Iris, la déesse de l'arc-en-ciel, ce pont jeté entre la terre et ce qui l'éclaire, ce ruban transparent de toutes les couleurs. La symbolique est intéressante. L'étonnement éclaire, fluidifie et relie. Par l'étonnement, on a les pieds dans la glaise et la tête dans les étoiles.

Aristote relève la condition et le ressort psychologiques de l'étonnement. S'étonner, c'est reconnaître sa propre ignorance et éprouver le désir de s'en libérer. Cette reconnaissance et ce désir échappent à la pression du besoin et au souci de l'utilité. Aussi, l'étonnement enfante-t-il une démarche singulière, dont la seule finalité est de comprendre pour comprendre, de connaître pour connaître. L'étonnement stimule l'intelligence en lui procurant un plaisir que rien ne peut lui enlever.

Un philosophe s'étonne de tout et étonne. Ouvert, il ouvre des chemins. Libre, il rend libre. Confiant, il donne et fait confiance.

Les effets du premier étonnement chez les penseurs avant Socrate

Les fondateurs de la philosophie décrivent et analysent l'expérience vécue par ses pères, qui étaient leurs précurseurs.

Ceux que les historiens de la philo appellent « Présocratiques » ont eu, par-delà leurs thèses différentes et divergentes, une attitude commune : l'étonnement. Thalès, Démocrite, Empédocle et les autres

1. Le nom de Thaumas signifie le merveilleux, le miraculeux. Nous retrouvons sa racine dans « thaumaturge ».

s'étonnent d'abord de la crédulité de leurs contemporains par rapport aux interprétations mythiques. Comment est-il possible d'admettre que le ciel étoilé est né de la castration que la déesse Terre infligea à Ouranos, son époux possessif* ? Comment est-il possible de croire que les querelles des dieux décident du sort des humains[1] ?

Cet étonnement génère la critique des mythes, ces fictions élaborées par les craintes et les désirs des hommes, ces productions de l'irrationnel qui empêchent les hommes de chercher à connaître vraiment. L'exercice de l'intelligence critique révèle les pouvoirs de la raison, cette capacité de mener une enquête lucide sur ce qui nous entoure et nous arrive. La philosophie comme démarche de la pensée se distingue précisément de la religion par son choix de ne recevoir pour valable que ce qui résiste à la mise en doute.

Le passage du mythe à la raison génère en même temps une nouvelle approche des choses. Jusqu'alors, les hommes avaient de leur environnement une perception morcelée, découpée en fonction de leurs besoins. Le ciel était pour eux un repère, la mer une réalité navigable et un réservoir de poissons, les arbres des parasols et un matériau de construction, les animaux de l'énergie à domestiquer ou de la chair à cuire. En s'étonnant de cette représentation exclusivement **empirique**, les premiers penseurs-philosophes font naître une cascade de questions/réponses/questions : « Qu'y a-t-il de commun entre la mer, les arbres, les animaux et les hommes ? Le mouvement ! » « Quel genre de mouvement ? Le devenir ! » « Comment nommer l'ensemble de ce qui devient ? Nature (*physis*) ! » « Et si la Nature que perçoivent nos sens n'était qu'une apparence ? »[2]

Nous parlons sans étonnement de « la nature » et de « la physique », oubliant que ces mots renvoient à une des plus grandes révolutions de l'histoire des idées. En forgeant le concept de la « nature », les premiers philosophes captent l'unité de la réalité accessible à nos

---

1. L'*Iliade* et l'*Odyssée*, les deux épopées homériques à partir desquelles s'est construit l'ensemble de la pensée grecque, racontent comment les conflits qui divisent les dieux de l'Olympe font pencher, tantôt d'un côté tantôt de l'autre, le sort des batailles et le sort des humains.
2. La philosophie grecque, qui a donné le branle à toute l'histoire de la philosophie jusqu'à nos jours, cherche l'« être » derrière le « paraître ».

sens. En explorant, grâce à ce concept, les phénomènes observables, les premiers philosophes posent les fondations de la science physique, dont l'histoire est jalonnée par la découverte des différentes énergies naturelles.

Si nous nous étonnions des mots que nous utilisons, nous serions bien plus cultivés que nous ne le sommes. Si nous nous étonnions des événements que nous transmettent les infos, nous serions bien plus soucieux du devenir de notre monde que nous ne le sommes. Si nous nous étonnions des situations que nous vivons, nous en pâtirions bien moins que nous n'en pâtissons d'habitude.

La pratique socratique de l'étonnement

Socrate est sans doute le praticien le plus célèbre de l'étonnement **ironique**. Il s'étonne que les premiers philosophes, après s'être étonnés, aient construit chacun sa propre théorie du monde. Et voilà comment celui qui se moque des autres tombe dans le même piège !

Socrate s'amuse en constatant que le premier étonnement donne lieu à des thèses qui se contredisent les unes les autres. Parménide défend la thèse opposée à celle d'Héraclite[1], Démocrite en avance une troisième toute autre[2]. Et voilà comment le désir de comprendre conduit à une tour de Babel où tout se brouille !

Socrate s'étonne de la confiance faite aux écrits, qui, rédigés une fois pour toutes, ne se prêtent pas au dialogue. Et voilà que la parole se trouve emprisonnée dans un texte qui répète la même chose toujours ! Il s'étonne du manque d'étonnement de ses illustres contemporains, qui se croient savants et compétents alors qu'ils ne le sont

1. *Cf.* plus loin, p. 109.
2. Démocrite affirme que toutes les réalités existantes sont des corps matériels. La matière est composée d'atomes, qui se meuvent dans le vide et dont les combinaisons diverses donnent naissance aux choses très diverses qui constituent notre monde. L'âme est, pour Démocrite, un corps composé d'atomes si subtils et si légers que le commun des mortels s'imagine qu'elle est immatérielle.

pas. Et voilà comment le statut social donne l'illusion et l'apparence[1] de posséder ce qu'on n'a pas ! Tous ces étonnements forgent la conviction, l'attitude et la méthode de Socrate.

Sa conviction est que la parole échangée, expression spontanée de chacun, éveille les individus au meilleur d'eux-mêmes. Aussi érige-t-il le dialogue en méthode. Cette conviction en implique une autre. Tant qu'il n'a pas dialogué, chacun d'entre nous croit savoir alors qu'il ne sait pas. L'illusion de la connaissance et de la compétence est à la fois stérile et périlleuse. Stérile, car elle empêche la recherche. Dangereuse, car elle est un instrument pour tromper et pour manipuler autrui.

L'attitude qui découle de ces convictions est conjointement existentielle et intellectuelle. Existentiellement, Socrate trouve son plaisir dans les rues d'Athènes, où il engage librement la conversation avec ses concitoyens. Intellectuellement, Socrate trouve plaisir à confondre les grands de ce monde, en commençant par flatter leur vanité pour mieux la pourfendre.

La méthode corrélée à la posture socratique est la pratique d'une **maïeutique** qui démarre avec l'exercice d'une ironie particulière. Socrate demande au ministre, au magistrat, à l'enseignant, à l'homme d'affaires, de l'instruire sur son activité professionnelle. « Je ne sais rien de tout cela, informe-moi », dit-il candide. L'interlocuteur se met aussitôt à faire montre de ses connaissances et de ses performances. C'est alors que Socrate pose la question insidieuse : « Mais qu'est-ce que… la politique, la justice, la pédagogie, l'honnêteté ? »

Accompagnée d'un échange sur le sens de ce que chacun croit maîtriser, cette question entraîne un renversement de situation. Celui qui croyait savoir ne sait plus où il en est, il a le vertige. L'ironie socratique est cela même qui provoque ce retournement. À partir de là, naît chez l'interlocuteur le désir d'apprendre, de comprendre, désir lié à la conscience qu'on n'avance qu'en dialoguant avec ses semblables.

1. L'illusion prend pour réel ce qui ne l'est pas : celui qui s'illusionne ne sait pas qu'il est dans l'erreur. L'apparence est ce qui apparaît ou ce qu'on fait apparaître : elle peut cacher la réalité comme elle peut l'exprimer.

Peu d'entre nous ont la sagesse et l'art de Socrate. Cependant, nous pouvons tous adopter deux principes. Le premier principe est que la réalité déborde toujours notre savoir et notre maîtrise. Le deuxième principe est que nous pouvons toujours nous enrichir des autres, même de ceux dont nous préjugeons qu'ils sont incapables de nous apporter quoi que ce soit. En adoptant ces deux principes, nous créons en nous et autour de nous de la générosité. La générosité dit : « Ensemble, en nous entr'étonnant, nous allons devenir meilleurs. »

La philo pratique

Devenir meilleur signifie progresser dans le domaine où nous choisissons d'avancer. Quand ce domaine est le management des hommes, la condition de toute progression est dans la qualité de la relation entre le manager et ses collaborateurs.

La qualité de cette relation peut être ombragée par son inscription ***hiérarchique****. Des nuages sont formés par les sentiments de supériorité ou d'infériorité, par les abus de pouvoir ou les servitudes volontaires. Ces sentiments et ces abus assombrissent d'autant plus l'horizon qu'ils sont larvés. L'insalubrité, en entreprise comme ailleurs, s'installe avec le non-dit, source de ruminations et de ressentiments.*

S'il n'y a pas de recette miracle pour passer de l'obscurité à la lumière, il existe un moyen pour faciliter le passage. Ce moyen consiste à faire un « point philo » tous les matins. Le point philo est un rappel d'évidences oubliées :

- *L'univers est étonnant. Il s'est produit en produisant les merveilles que nous admirons ;*

- *La vie est étonnante. Elle a évolué en complexifiant la structure des vivants, dont nous sommes, à l'heure de maintenant, la plus prodigieuse expression ;*
- *Notre existence est étonnante. Elle nous apporte heurs et malheurs que nous pouvons transmuer en foyers d'énergie et de sens ;*
- *Les autres sont étonnants. Ils nous apportent des solutions auxquelles nous n'avions pas pensé, à condition que nous dressions nos oreilles pour entendre ;*
- *L'entreprise est étonnante. Elle est composée de toutes les facettes de la réalité et nous invite, de ce fait, à déployer l'éventail de nos possibles.*

Ce point est un « point philo », à condition d'échapper à l'angélisme :

- *L'univers est en deçà du bien et du mal. Il construit et détruit aveuglément ;*
- *La vie poursuit sa route, indifférente au juste et à l'injuste. Elle vise sa propre pérennité et non celle des individus et des espèces ;*
- *Notre existence n'est à l'abri d'aucune destruction ;*
- *L'autre, et l'autre en moi, n'est à l'abri d'aucune tentation ;*
- *L'entreprise nous expose plutôt qu'elle ne nous protège.*

Mais un regard « macro » rétablit notre vue : dans un monde à la fois merveilleux et monstrueux, « l'urgence de l'essentiel »[1] est notre priorité. La priorité, pour le manager, c'est de susciter le meilleur de son équipe en transmettant la capacité de sortir du préjugé, de l'habitude, du pessimisme en s'étonnant.

1. L'expression est d'Edgar Morin.

Chapitre 7

Définir pour clarifier

Patauger dans l'imprécis

Nous avons tendance à attribuer à l'autre notre représentation des choses. Le fait de parler la même langue nous donne l'impression d'attribuer le même sens à ses mots. Comme nous présupposons bien connaître notre langue maternelle, nous ne sommes pas particulièrement regardants sur les mots que nous employons. Et comme parler est un acte spontané où les phrases se composent au fur et à mesure que nous les énonçons, nous prenons rarement la peine de nous demander si nos expressions évoquent de manière suffisamment précise la situation que nous voulons décrire, l'information ou la décision que nous voulons communiquer.

Cette imprécision, naturelle au langage parlé, caractérise aussi nos jugements. L'imprécision peut être anodine comme elle peut avoir des effets. L'échange d'opinions sur une région visitée pendant les vacances n'a pas le même impact que les injonctions adressées quotidiennement à nos enfants. Même si les « c'était super » ou « les gens étaient peu accueillants » ne livrent pas de contenu à celui qui se contente d'entendre, ils font partie du badinage qui jette un pont entre nous et les autres. En revanche, les « dépêche-toi » et les « fais vite ! », lancés sans y penser aux enfants tous les matins véhiculent, mine de rien, l'idée que la rapidité est un principe auquel il est impossible de déroger.

Envisagée de plus de près, l'imprécision dans l'échange nous met sur un terrain glissant. Dès lors que nous utilisons indifféremment un mot à la place d'un autre, nous créons les conditions d'un malentendu. En restant au niveau de l'opinion[1] pour juger du comportement des autres, d'une décision ou d'un discours, nous donnons congé à notre discernement et troublons le discernement d'autrui. Les jugements de valeur dénués de réflexion préalable dressent une barrière entre la réalité et nous. Les « elle a été franchement nulle » ou « vraiment extra » comme les « il est à côté de la plaque » ou « c'est l'homme de la situation », non seulement n'apportent guère d'informations, mais encore alimentent les préjugés.

Celui qui persévère dans le flou patauge et fait patauger. Les choses perdent progressivement leurs contours et leur teneur autant pour lui que pour ceux qui le fréquentent.

Sortir de l'imprécision

Or la réalité est suffisamment complexe par elle-même pour que nous lui infligions, de surcroît, les complications liées à nos imprécisions de langage. La fonction du langage des mots* est, justement, d'arracher ce qui nous entoure de la confusion. C'est l'apprentissage de la parole qui libère progressivement le petit de l'homme de l'emprise de son corps criblé de besoins. C'est en nommant « la lumière » et « la ténèbre » que le Dieu présenté dans la Genèse fait surgir l'univers du chaos*. Nommer, c'est associer un signe à

1. Platon fait la critique de l'opinion (*doxa*), qu'il oppose à la science (*épistémè*). La science est une connaissance fondée sur des preuves objectives et, pour cela même, certaine, vraie et commune à tous les hommes. L'opinion est un avis sans fondement objectif, inspiré des peurs et des désirs. Incertaine, l'opinion se propage rapidement, car il est plus facile d'adhérer à des avis tout faits que d'emprunter la voie ardue de la connaissance scientifique. La majorité des hommes prennent leurs opinions pour des connaissances et s'imaginent juger par eux-mêmes alors qu'ils jugent par préjugé.

chaque catégorie de choses, puis, à l'intérieur de cette catégorie, affiner les distinctions. Lumière, lueur, clarté, éclat, bien qu'appartenant à la même famille, ont des significations différentes.

Distinguer entre lumière, lueur, clarté, éclat, c'est faire preuve de précision. Être précis[1], c'est retrancher les parties d'un tout pour en tracer distinctement les contours. Parler avec précision, c'est séparer les choses afin de mieux mettre en relief leurs relations réelles et possibles, actuelles et futures. Parler avec précision, c'est aussi expliciter ses avis en les motivant de façon intelligible aux autres. La précision est la vocation du langage des mots, indissociable de l'exercice de la pensée et de sa communication. L'homme est le seul animal doué de *logos*.

Ce mot grec désigne conjointement la parole, le raisonnement et la relation. La parole fait correspondre à chaque réalité un mot et à chaque mot une représentation dans notre esprit, une **idée**. Dans la mesure où parler, c'est enchaîner les idées en fonction de ce qu'un individu veut dire, la parole est indissociable du raisonnement. Raisonner, c'est en effet **conceptualiser**, établir des liens, trier, classer, conclure. Parler et raisonner impliquent la mise en relation des idées et des choses, des idées entre elles, et des individus entre eux. C'est la parole qui fait et exprime notre humanité. Ce que nous appelons **culture** est l'ensemble des réalités que les hommes progressivement ajoutent à leur environnement naturel en parlant, en raisonnant, en se reliant.

La précision, comme la culture, se construit. Nous devenons précis dans notre langage en tenant compte de trois paramètres : du destinataire avec lequel nous communiquons ; de l'objet de notre communication, qui peut être une information, une pensée, un souhait, une décision ; de notre

1. Le verbe latin *praecidere* signifie tailler, définir des contours en séparant.

propre besoin de comprendre. Ce dernier paramètre est décisif. Nous ne pouvons être précis si nous n'avons pas clairement compris ce que nous avons à exprimer.

Sortir de l'imprécision, c'est pratiquer le respect des autres, des choses et de nous-même. « Le **respect** commence par le bonjour que le manager adresse à ses collaborateurs », entendons-nous dire en entreprise. Oui, mais à condition que tout le monde sache que « bonjour » signifie souhaiter à l'autre, sincèrement, que cette journée qui débute soit vraiment bonne, pour lui, jusqu'au bout.

Définir

Le langage alphabétique* qui est le nôtre permet à notre pensée d'aller très loin dans l'**abstraction**. Les signes de l'alphabet étant sans rapport de ressemblance avec la réalité **concrète** et indéfiniment combinables, les mots de nos langues écartent ce que nos sens perçoivent pour ne retenir que des formes exsangues. Ainsi le mot « jardin » n'a rien à voir avec un jardin. Ainsi le mot « potentiel » évoque ce que les sens ne capteront jamais. Quand un poète cherche à évoquer le jardin de son enfance, il déploie un éventail de mots et de métaphores pour que, à travers sa description colorée, émerge dans sa mémoire et dans notre imagination, ce jardin, unique parmi tous.

L'abstraction inhérente à notre type de langage nous donne la possibilité de définir les choses. Définir, c'est donner les quelques traits qui caractérisent une réalité en la distinguant de toutes les autres. Le « jardin » se définit comme un terrain clos où l'on cultive des végétaux utiles ou agréables. La « qualité » se définit comme l'ensemble des propriétés distinctives d'une réalité indépendamment de tout jugement de valeur. La définition répond toujours à la question « qu'est-ce que c'est ? ». Mais comme la réalité déborde toujours le langage, un mot peut avoir plusieurs définitions. Ainsi la « table », dont la définition première est une surface plane supportée par des pieds, renvoie, selon les contextes, à la table où l'on prend le repas, à la table des lois, à la table de multiplication, etc. Le dictionnaire d'une langue est constitué par la (les) définition(s) de tous les mots de cette langue.

Définir est un acte à la fois précis et relatif. Précis, parce qu'il délimite le champ de ce qui est signifié. Relatif, parce que nous sommes toujours aux prises avec une situation particulière. Si le mot « leader » désigne la personne qui est aux commandes, les domaines dans lesquels le commandement s'exerce déterminent différents types de leaders. Aux domaines viennent s'ajouter les circonstances, qui font que telle entreprise a besoin – ou développe par ignorance, contre son vrai besoin – un genre de leaders.

Définir, c'est signaler à l'autre de quoi je parle et où je me situe. Cette double précision lui permet de comprendre et de se situer à son tour, en étant d'accord, pas d'accord, en exprimant ou pas son désaccord, en obéissant ou en refusant de faire en connaissance de cause.

Pratiquer la définition

Un manager qui pratique la définition commence par distinguer entre exigence et attente. Cette clarification situe la relation professionnelle sur le plan d'une prise de **responsabilité** réciproque.

L'exigence est ce qui est requis pour répondre à ce qui, à un moment et dans une situation donnés, est nécessaire. Cette nécessité pouvant être une commande à satisfaire, un objectif à tenir, une qualité indispensable à la réalisation. L'attente est l'attitude de celui qui désire une chose qui n'est pas encore là et patiente ou s'impatiente pour qu'elle arrive. L'aspiration peut être fondée sur un réel besoin comme elle peut relever du caprice. La distinction entre exigence et attente rend claire la dimension **objective** de la première et la dimension **subjective** de la seconde.

Cette clarté, qu'il doit partager avec ses collaborateurs, permet d'asseoir les relations professionnelles sur une base saine. Répondre à une exigence est une obligation, répondre à une attente est une option.

Lors de la rédaction du formulaire de l'entretien d'évaluation, l'équipe du développement d'une entreprise attentive aux conduites de ses salariés avait introduit la notion d'attente dans un contexte comportemental. Le manager disait à son collaborateur ce qu'il attendait de lui et lui demandait de dire en retour ce que lui attendait de son manager. Malgré le fait que ces questions renvoyaient au référentiel des valeurs de l'entreprise – responsabilité, esprit d'équipe et confiance –, les questions induisaient très souvent des réponses difficiles à traiter. « J'attends que tu fasses davantage confiance à ton équipe… J'attends que tu sois plus accessible. » La difficulté venait du ton subjectif introduit par le verbe mais aussi de la non-définition de ce que chacun entendait par « faire confiance » et « être accessible ».

Le remplacement, sur le formulaire de l'entretien d'évaluation, du terme « attentes » par celui d'« exigences » ôtait aux demandes leur caractère impératif. Dire « j'exige que tu manifestes ce genre de confiance, parce que l'entreprise veut encourager la délégation et l'initiative » fonde la demande sur ce qui la rend légitime. Dire « j'ai besoin que tu me montres comment faire parce que j'ai une difficulté là-dessus » sollicite l'autre dans sa propre responsabilité. La modification apportée au formulaire a réduit la part d'arbitraire dans la question.

Cette modification n'a pas résolu la deuxième imprécision, celle qui portait sur l'objet des attentes respectives. Parler, par exemple, de confiance et d'accessibilité sans les définir, c'est semer du brouillard.

Un manager qui pratique la définition poursuit en se souvenant du sens courant des mots qu'il emploie et en signalant le sens que lui-même y ajoute. Cette clarification ouvre directement la porte à l'action, qui est collaboration constructive.

S'il exige de son collaborateur qu'il fasse confiance à son équipe, le manager doit se rappeler que la confiance est l'élan du cœur qui croit et que cet élan ne se commande pas. Ce retour au sens premier de la confiance lui permet de préciser à son collaborateur ce que celui-ci doit comprendre. S'agit-il d'un « crédit de confiance », c'est-à-dire de la décision d'adopter l'attitude-confiance de manière conditionnelle et limitée dans le temps ? Dans ce cas, nous sommes dans le terrain de la rationalité, qui sait peser et compter. S'agit-il de la « foi en l'homme », c'est-à-dire d'une conviction fondamentale ? Dans ce cas, nous nous trouvons sur le terrain de l'irrationnel, qui dépense sans compter.

Si son collaborateur lui demande d'être accessible, le manager a à questionner son collaborateur pour que celui-ci parvienne à mieux cerner son besoin. « Être accessible », est-ce laisser sa porte ouverte et être joignable à tout moment ? Dans ce cas, l'accessibilité a pour revers la dispersion. S'agit-il de se rendre disponible quand et où il le faut ? Dans ce cas, la disponibilité est indissociable des qualités de discernement et de concentration.

Fabrice vient d'être nommé directeur de la filiale d'une entreprise de distribution. Compétent et bienveillant, il laisse la porte ouverte à chaque fois qu'il travaille seul dans son bureau. L'ensemble du personnel est unanime pour apprécier cette disposition, d'autant qu'elle marque symboliquement la différence de management avec le directeur précédent, distant et se suffisant à lui-même. Au demeurant, presque personne ne profite de la porte ouverte de Fabrice.

En disant, par ses paroles et par son geste, qu'il est accessible, Fabrice n'a précisé ni à ses yeux ni aux yeux des autres le mode fonctionnement induit par sa porte ouverte.

Un manager qui pratique la définition sait que celle-ci ne se limite guère à la distinction entre attente et exigence et aux termes à connotation affective. La définition doit s'étendre à tous les termes qui renvoient aux actes fondamentaux du management. Être responsable, être ou devenir **autonome**, avoir de l'**initiative**, déléguer, communiquer, animer, entraîner, coacher, sont autant de mots qui, restant indéfinis, causent plus de tracas qu'ils n'apportent de facilitations.

Par sa racine, le mot **responsabilité** désigne l'acte par lequel un individu répond de son acte. Si un manager veut avoir des collaborateurs responsables, il a à leur expliquer que la responsabilité consiste, pour chacun, à agir en sachant qu'il est l'auteur des actions qui relèvent de son champ d'attributions et que, de ce fait, il a l'obligation de rendre des comptes à son supérieur hiérarchique. Cette définition, sans édulcorer la difficulté caractéristique de la responsabilité professionnelle, libère l'individu du sentiment de **culpabilité** que suscite le fait de commettre une erreur. Personne n'est fautif pour s'être trompé dans la mise en place d'un système ou l'étape d'un process. Il a à en répondre, à assumer l'erreur, c'est-à-dire à la comprendre pour ne pas la reproduire.

Marc est un collaborateur scrupuleux, qui se sent coupable à la moindre défaillance. S'érigeant en juge impitoyable de lui-même, il est sans cesse oppressé par lui-même, pressant et oppressant pour ses collègues. Son manager essaie de l'aider à changer, mais Marc ne comprend rien à ses propos. Son manager lui demande d'être « moins perfectionniste » ; or, pour Marc, le perfectionnisme est une qualité. Le passage du registre de la perfection à celui de la responsabilité débloque Marc. Il percute sur le fait que la culpabilité est égocentrique et ruminante alors que la responsabilité s'adresse à l'autre et permet d'avancer. Le professionnalisme lui apparaît désormais mieux servi par la responsabilité que par le perfectionnisme, **auto-culpabilisant** et **culpabilisateur**.

La nécessité de pratiquer la définition est d'autant moins évidente dans une société qui nous fait vivre sous l'emprise de l'image. L'image, en impactant nos sens, engourdit notre capacité de prendre de la distance et, par voie de conséquence, de conceptualiser, de raisonner, de critiquer. La formule d'un organisme de formation international, « Une image = dix mille mots » évince, mine de rien, la définition, laquelle est autrement plus efficace que l'image.

Il ne s'agit pas d'évacuer l'image, mais de la remettre à sa place. L'illustration est l'auxiliaire de la définition, la définition est le préalable de l'illustration. Inverser l'ordre, c'est favoriser le flou et ceux à qui le flou profite.

La nécessité de pratiquer la définition doit rester liée à la nécessité de favoriser l'évolution des situations et des hommes. Définir, c'est préciser pour poser les conditions d'une collaboration, pour fonder le sens des actions à entreprendre. La finalité oblige de pratiquer la définition ouverte. L'ouverture d'une définition se mesure à sa capacité de susciter l'apport des autres et d'intégrer les éléments apportés par les changements des données extérieures. Voici un exemple très actuel. La définition ouverte de la responsabilité a conduit à l'idée que nous avons à rendre des comptes aux générations futures des décisions que nous prenons, aujourd'hui, concernant les manipulations génétiques et l'environnement.[1]

La thématique du « développement durable », qui est au cœur des industries actuelles, est le fruit d'une pratique constamment ouverte de la définition.

---

1. Cette idée est introduite et développée par le philosophe Hans Jonas dans son ouvrage *Le principe de responsabilité*.

En cheminant de Platon à Bergson

L'invention de la définition philosophique par Platon

L'invention de la définition est le premier acte méthodologique de la philo. L'obligation de définir ce que la pensée a à traiter est la condition à la fois de la recherche du sens et de l'accord de ceux qui se sont mis à le chercher.

Cet acte est posé par Platon, qui critique ses prédécesseurs d'avoir prolongé leur étonnement soit par des descriptions approximatives soit par des affirmations binaires. Ainsi Anaxagore, après avoir dit qu'au fondement de tout est l'esprit, passe à autre chose : il oublie de définir ce dont tout est censé dépendre. Ainsi, en présentant l'ensemble de la réalité comme un mouvement perpétuel, Héraclite ôte à la pensée la possibilité même de connaître les choses en en délimitant les contours : Héraclite nomme sans définir. Pour ouvrir le chemin de la recherche de la vraie connaissance, Platon commence par montrer ce que définir veut dire.

Toutes les œuvres de Platon sont écrites sous forme de dialogue. La création de ce genre littéraire correspond à la conception que Platon, disciple passionné de Socrate, se fait de la philo. La philo n'existe que par l'échange des points de vue qui, de question en question, conduit l'esprit à se libérer de l'opinion, cette fausse pensée anonyme qui préjuge au lieu de comprendre. La pensée individuelle, née de cet échange, est *« un dialogue silencieux de l'âme avec elle-même »*. Les premiers dialogues de Platon présentent la démarche de la définition et ses difficultés.

Définir, c'est délimiter. La première délimitation se fait par la parole qui, grâce à la multiplicité de ses mots, met en relief les articulations de la réalité. Un arbre n'est pas une rivière, un homme n'est pas un singe, l'eau n'est pas le feu. Mais cette première délimitation, qui concerne ce que perçoivent nos sens, est absolument insuffisante. Ce qui rend absurde ou sensée notre existence, c'est de comprendre la différence entre le juste et l'injuste, le beau et le laid, le vrai et le faux. Ce qui a de l'importance pour nous, c'est de comprendre ce qui nous fait vivre en nous distinguant des animaux et des dieux.

La définition philosophique porte sur ce dont nos sens ne perçoivent que les effets. Elle cherche à cerner ce qui fait l'**essence** de la justice, de la beauté, de la science, de l'âme, de la raison, du désir. Et cette recherche est laborieuse, précisément parce qu'elle a pour objet des invisibles.

Dans ses dialogues de jeunesse, Platon montre que définir est une démarche le long de laquelle l'esprit s'élève progressivement du visible vers l'invisible. Dans l'un d'entre eux, Socrate et Hippias cherchent ce qu'est le beau. De prime abord, Hippias confond la beauté et l'objet beau. « La beauté, répond-il, c'est une belle femme, une belle marmite. » Socrate objecte que la beauté doit plutôt être ce qui rend une femme et une marmite belles. Hippias et Socrate définissent alors la beauté par ce qui convient. Est belle une statue quand elle est faite par le matériau qui convient à sa forme, marbre quand il le faut, ivoire quand il le faut. Mais cette nouvelle définition est insatisfaisante, car elle laisse dehors toutes les réalités qui ne sont pas physiques. On pourrait préciser en disant que la beauté est ce qui rend une réalité avantageuse, que cette réalité soit physique – la santé – ou intellectuelle – la connaissance. Mais cette précision est elle-même à compléter par la clarification de ce qui est avantageux : l'avantageux serait-il ce qui associe l'utile à l'agréable ?

Les premiers dialogues de Platon s'achèvent sur une question et non sur une définition définitive. La raison en est que Platon se cherche lui-même avant de pouvoir élaborer sa propre philosophie de la réalité. Mais cette raison inclut une autre, dont tous les philosophes, si différents pourtant dans leurs représentations du monde, ont tiré leçon. Définir ce que l'on veut traiter est une démarche nécessaire, dont le moteur est la remise en question et dont l'aboutissement est marqué par un point d'interrogation. Il s'agit de délimiter pour éclairer et non pour enfermer. Il s'agit d'un point de départ et non d'un point d'arrivée. Réfléchir, c'est maintenir la définition donnée ouverte. Toute précision est un nouveau commencement.

La force active de la définition philosophique vue par Spinoza

Si, dans le sillage de Platon, tous les philosophes ont respecté l'obligation de définir avant d'élaborer leur propre philosophie, c'est Spinoza qui fait de la définition le moyen d'accéder à la réalité elle-même.

Influencés par la théorie platonicienne*, elle-même récupérée et renforcée par la doctrine catholique[1], les philosophes classiques[2] se rejoignent dans leur vision dualiste[3] de la réalité. D'après eux, l'esprit est séparé du corps comme la matière constitutive du monde physique est séparée de Dieu, ce principe immatériel qui en est le créateur. Spinoza rompt avec cette tradition en affirmant que la réalité est une et que l'esprit et la matière sont les deux expressions différentes de cette réalité unique. Pour Spinoza, ce que nous appelons *Nature* – la réalité physique – est divine, et ce que nous nommons *Dieu* – la réalité spirituelle – coïncide avec la Nature, qui est par essence principe agissant.

Ce principe n'est rien d'autre que la tendance à persévérer dans l'être. Toute réalité particulière, qu'il s'agisse d'un rocher, d'un arbre, d'un chevreuil ou d'un homme, tend à sa propre pérennité et ce penchant la porte à mobiliser ses ressources pour subsister en se développant. Ce qui distingue l'être humain des autres réalités naturelles, c'est qu'il est seul à avoir conscience de ce penchant. Spinoza nomme *désir* la tendance à persévérer dans son être dotée de la conscience d'elle-même. En somme, en étant conscient de son désir

---

1. La doctrine catholique a été forgée par une interprétation de la Bible influencée par la lecture de Platon et Aristote. De Platon, le catholicisme retient la séparation de l'esprit et du corps et l'idée d'immortalité de l'âme. D'Aristote, le catholicisme retient l'idée d'un univers éternel et parfaitement hiérarchisé.
2. Le dualisme affirme l'existence de deux réalités séparées, d'une part la matière, d'autre part la pensée, d'une part le corps et de l'autre l'âme. *Cf.* aussi **la théorie platonicienne des Idées***.
3. Sont appelés classiques les philosophes qui, inspirés de Platon et d'Aristote, accordent à la raison le pouvoir de maîtriser les passions et la nature. Descartes et Leibniz sont des philosophes classiques. C'est avec Kant, qui mettra en relief les limites de la raison, que la philosophie moderne pointe son nez.

de continuer d'être, l'homme exprime de façon particulièrement forte l'esprit qui anime la Nature. Cette force lui confère le pouvoir de vivre autrement qu'un animal ou une chose.

Ce vivre autrement est une possibilité, que l'individu peut choisir ou pas. Un être humain peut se confiner à la conscience de ses besoins physiques et de ses émotions. Il reste alors enfermé dans ce que Spinoza appelle la « *connaissance du premier genre* » ou « *connaissance par ouïe-dire* », qui se contente de ce que les sens perçoivent et les « on-dit ». Cette connaissance croit que la lune est située à quelques pieds seulement de la terre, elle croit aussi que Dieu est un être surnaturel qui voit tout.

Un être humain dépasse ce premier stade dès lors qu'il exerce sa raison, cette faculté inhérente à la conscience qui permet à celle-ci d'analyser les situations et de s'interroger sur « *leurs causes et leurs effets* ». Spinoza appelle ce degré « *connaissance du deuxième genre* » ou « *connaissance rationnelle* ». Le propre de cette connaissance est, précisément, de saisir les raisons d'établir des liens de causalité, de produire une connaissance scientifique de la réalité. C'est à ce niveau qu'intervient la nécessité de définir. Pour cerner l'objet à traiter, la raison est obligée d'en saisir l'essence, ce qui fait que telle réalité est ce qu'elle est. Un être humain peut se contenter de la connaissance rationnelle, et c'est le cas d'un bon nombre de scientifiques et de philosophes.

Mais un être humain peut aller plus loin. Il peut concentrer son attention sur le principe qui l'anime, orienter sa raison, non sur les choses extérieures, mais sur son désir. Il découvre alors que son désir n'est que l'expression de la force qui fait agir la réalité une dont il est. En découvrant cela, un être humain passe à la « *connaissance du troisième genre* », qui est « *connaissance intuitive* » de la réalité une et unique. Le propre de la connaissance intuitive est de capter immédiatement et pleinement le principe divin, présent dans tout ce qui est, et d'aimer ce qui est pour la force constamment agissante qui l'anime. Un être humain qui connaît de la sorte n'est pas seulement un philosophe, mais aussi un sage.

Pour le sage, la définition n'est pas seulement ce qui permet d'identifier rationnellement ce qui fait qu'une chose est ce qu'elle est – par exemple, que le mot corps désigne une réalité qui occupe l'espace par son volume. La définition est aussi et avant tout une clé qui donne directement accès à la totalité de la réalité une. La démarche intellectuelle du sage consiste, précisément, dans sa manière de poser et d'utiliser les définitions des choses fondamentales. Sont fondamentales les choses dont dépend le sens de notre vie, elle-même immanente au tout de la réalité : Dieu, l'esprit, le corps, le temps, l'espace, les sentiments, la liberté, la justice... Définir le corps comme ce qui exprime de manière matériellement déterminée le tout, qui est *Dieu = Nature*, c'est en pénétrer le processus en le déroulant devant les yeux de l'esprit.

Comprendre, pour Spinoza, c'est prendre avec soi ce qui est fondamentalement de soi et à soi. En d'autres termes, la compréhension est le cheminement grâce auquel un être humain cesse progressivement de subir ses illusions, ses passions et les préjugés des autres. Cette libération progressive est passage du *pâtir* à l'*agir*. Et ce passage à l'action concerne tous les domaines de l'existence, individuelle et collective. Si la liberté pour l'individu est d'être à l'origine de sa pensée et de ses actes, la liberté pour la collectivité humaine est la construction d'un régime politique démocratique. Et, pour sortir de la tyrannie du monarque absolu, il est nécessaire de définir la liberté politique.

La pensée et le changement ou la définition à la façon de Bergson

Les énormes changements, qui inaugurent l'ère industrielle obligent les philosophes à penser intensément le changement. Bergson pense le changement à partir des découvertes scientifiques qui bouleversent de fond en comble la relation des hommes à l'univers.

Les hommes apprennent que l'univers, qu'ils croyaient éternel, s'use et est, comme eux, voué à disparaître un jour[1]. Ils apprennent aussi que les espèces vivantes, qu'ils croyaient formées une fois pour

1. L'observation, faite par l'astronome Edwin Hubble, sur l'éloignement des galaxies fournit la première base de l'expansion de notre univers. La découverte du rayonnement fossile, cette clarté qui nous arrive maintenant des origines de notre univers, en confirmant l'idée que notre univers a eu un commencement et suit une évolution, marque la fin de la croyance en son caractère immuable et éternel.

toutes et pour toujours, sont, comme eux, mortelles[1]. Ils apprennent encore que la nature, qu'ils croyaient parfaitement ordonnée par des lois immuables, porte en ses tréfonds du désordre qui échappe aux prévisions des physiciens[2]. Ils apprennent aussi que la durée d'un phénomène physique en mouvement est à chaque fois relative à la position et à la vitesse du mouvement des observateurs qui observent ce phénomène[3]. Le croisement de ces bouleversements introduit l'incertitude partout et irréversiblement. Le monde, habitat pérenne de nos existences éphémères, devient lui-même incertain.

Penser le changement, c'est penser le vivant. Penser le vivant, c'est penser « *l'évolution créatrice de la vie* ». Celle-ci avance par tâtonnements, par sauts et diversifications imprévisibles. Elle crée inlassablement des formes nouvelles, sans poursuivre de but, mais en s'enrichissant infatigablement de ses compositions réussies. Penser la complexité du changement, c'est penser le vivant humain. Doté de la conscience de soi en situation dans un environnement changeant, l'homme est le produit le plus complexe de l'évolution de la vie. Davantage changeant que tout autre vivant, il est lui-même créateur de réalités évolutives. Religion, art, technique, politique, morale, philo sont autant de créations portées par le grand élan créateur de vie.

Dès lors que tout change sans cesse, la faculté appropriée pour penser n'est plus la raison mais l'*intuition*. L'intuition est saisie immédiate et intime, par cette réalité vivante qu'est la conscience de chacun d'entre nous, des réalités changeantes qui nous entourent et

1. La découverte, par Charles Darwin, de l'évolution des espèces vivantes par l'effet de la sélection naturelle (ne survivent que les vivants aptes à s'adapter aux changements de l'environnement) marque la fin de la croyance en la hiérarchie immuable des espèces et en la supériorité définitive de l'homme sur les autres vivants.
2. La découverte, par des physiciens comme Niels Bohr et Werner Heisenberg, du comportement aléatoire des particules subatomiques et du caractère seulement probabilitaire de nos prévisions à leur propos met fin à la croyance en une nature parfaitement ordonnée au fonctionnement prévisible.
3. C'est ce que pose Albert Einstein, en élaborant la théorie de la relativité. Cette théorie rejoint, par un autre chemin, la découverte, par la physique quantique, de l'inévitable influence de nos instruments d'observation sur le comportement des particules observées et met fin à notre croyance en l'**objectivité** de notre connaissance.

nous traversent. Dès lors que la faculté appropriée pour penser est l'intuition, la définition change de nature. Si sa fonction est toujours de préciser ce qui est à aborder, son approche est de saisir, sans le captiver, le mouvant. Pour réaliser ce tour de force, la définition se rapproche de plus en plus de la description. Cette description s'inspire de la poésie, attentive aux frémissements, aux murmures, aux nuances. Cette attention est, en fait, ouverture au nouveau, en gestation en nous et hors de nous.

Bergson nous dit que, pour penser le changement, la pensée doit être à la fois précise et ouverte. Définir en étant ouvert, c'est savoir que nous évoluons dans une réalité où rien n'est jamais définitif.

La philo pratique

Être précis en étant ouvert, c'est savoir définir ce qu'il est, dans une situation donnée, nécessaire de comprendre et de faire comprendre. C'est aussi rester conscient du caractère évolutif de toute situation, même de celle qui semble résister au changement.

La définition ouverte est l'un des ingrédients de la qualité de la relation managériale. Mais cet ingrédient est d'autant plus difficile à composer en entreprise que celle-ci se trouve polluée par la conjonction de deux excès. L'excès de raison, qui prend la forme pour la réalité : par exemple, l'élaboration d'un plan d'action rationnellement pertinent peut omettre de prendre en compte la faisabilité des actions. L'excès de ressenti, qui substitue le sentiment à l'événement : l'impression d'avoir déplu peut, par exemple, faire oublier ce qui s'est réellement passé. Et la difficulté est d'autant plus forte pour le manager, qui doit cheminer entre raison et sentiments.

S'il n'y a pas de recette miracle pour définir sans figer, il existe un moyen pour en faciliter l'apprentissage. Ce moyen consiste à faire un « point philo » chaque fois que la qualité de la relation et l'efficacité de l'action dépendent de la clarification des mots pour la dire :

- *Manager vraiment, c'est se situer dans le champ du sens ;*
- *Le champ du sens est celui de la compréhension réciproque, qui commence par un accord sur les définitions ;*
- *S'accorder sur les définitions, c'est commencer à faire la clarté sur les marges de désir, de volonté et de manœuvre de chacun. La présence d'un cadre défini rend libre ;*
- *Faire la clarté sur ces marges, c'est partir du « quoi » de ce dont il s'agit. La pertinence du « comment » prend source dans la définition claire du « quoi » ;*
- *La confusion et le non-sens brouillent les pistes en séparant les hommes. La clarté les relie ;*

Ce point est un « point philo » à condition de rappeler ce qui est difficile :

- *Le cours des choses est imprévisible. Nous avons à poser des repères communs sur du sable mouvant ;*
- *Le quotidien est pressant et dispersant. Nous avons à résister au courant dans lequel il nous entraîne ;*
- *La confusion séduit davantage que la clarté. Elle donne l'impression de savoir et l'illusion d'être libre ;*
- *Il est plus facile de subir que d'agir. Sortir de la passivité exige un effort que nous ne sommes pas toujours prêts à fournir ;*
- *Le manager est situé là où ces difficultés sont particulièrement fortes. Les imprévus du monde, du marché et des hommes viennent sans cesse perturber ses plans. La pression aux objectifs et aux résultats le met sous tension en captivant son attention.*

Un regard qui voit large et loin nous aide à mieux voir le présent : c'est là où sont les difficultés les plus fortes que gisent les solutions les plus pertinentes. « La solution est dans l'impasse », *dit un proverbe chinois.* « Là où est le danger, là croît aussi ce qui sauve », *dit le poète Hölderlin. La chance du manager, c'est d'être dans un environnement qui ne cesse de lui offrir des occasions pour sortir du flou, de la passivité, du faux-semblant en ouvrant le champ du sens, qui est le champ des significations et des liens.*

Chapitre 8

Dialoguer pour construire

Parler et se parler

Notre expérience de la vie est si intimement liée à l'expérience de la parole que nous n'y faisons même plus attention. Utiliser notre voix pour nous exprimer dans notre langue maternelle et les langues dont nous avons la maîtrise nous est si naturel que nous passons à côté d'une donnée fondamentale. Nous oublions de voir, dans le fait même de parler, la manifestation première de notre libre arbitre[1].

Le libre arbitre est la faculté de se déterminer. Cette faculté est propre à l'être humain. Les comportements des animaux sont déterminés par la programmation génétique qui opère à travers leurs instincts spécifiques. Les aigles construisent tous leur nid de la même façon. Rien de tel chez l'animal humain, dont l'instinct de survie ne prédétermine guère le type d'abri à produire. Une hutte est autre chose qu'un chalet ou un gratte-ciel. Et il y a une variété inouïe de huttes, de chalets et de gratte-ciel. Ainsi, l'être humain est-il doté de l'aptitude à arbitrer, et de la nécessité à faire des arbitrages opportuns pour ne pas périr.

Le libre arbitre présuppose l'existence objective d'au moins deux possibilités et la possibilité subjective de prendre l'une plutôt que l'autre. Mis entre un sac d'avoine et un sac de

1. Philosophiquement, le libre arbitre est inséparable de la **liberté**.

son, l'âne de Buridan[1] est mort par incapacité de choisir. Placé dans une situation identique, un homme tranche en fonction d'une préférence. Ainsi, par son arbitrage subjectif, il transforme l'une des possibilités objectives en réalité.

Parler, c'est se déterminer au fur et à mesure que les mots viennent à la bouche. À moins de répéter un discours préfabriqué ou de reproduire automatiquement une formule de politesse, nous ne savons pas, quand nous parlons, quelle tournure prendra notre propos. Si nous connaissons, en gros ou en fin, le sens de ce que nous souhaitons dire, nous ne pouvons prévoir ni les mots ni leur ordre ni les intonations de notre voix. Parfois, nous sommes surpris nous-mêmes par ce que nous disons.

Parce que nous ne faisons pas attention à notre moyen naturel d'échanger avec autrui, nous ne sommes pas non plus attentifs au type d'échange que notre parole établit. Ainsi, nous croyons souvent dialoguer, alors que nous sommes en train de converser, de débattre ou de négocier.

Pour engager le dialogue, nous avons à procéder à certaines distinctions. La conversation est un échange d'impressions, de nouvelles, de rumeurs et d'humeurs dont le but est de nous distraire et de distraire. Le débat est une confrontation de points de vue différents, divergents, voire opposés, alimenté par la volonté de chaque participant de défendre sa propre cause. La négociation est un échange dans lequel les interlocuteurs ont intérêt à s'entendre sur une solution qui, sans combler les attentes initiales de chacun, constitue un compromis qui convient à tous.

Le fait de se parler ne suffit pas pour créer le dialogue.

---

1. Cette fable porte le nom du philosophe du XIVe siècle Buridan, auquel elle est attribuée. Buridan aurait cherché à démontrer par l'absurde que, contrairement à l'animal, l'homme est doté de liberté.

Croire dialoguer

Converser est un besoin vital. Nous avons besoin de nous sentir en contact avec les autres en maintenant, avec eux, notre relation aux événements du monde et de notre petit monde familial, amical, professionnel. Avant d'être manager, le manager est homme et, étant homme, il est d'abord en rapport avec des êtres humains. Bavarder est un vecteur de chaleur et une source d'informations périphériques, susceptibles d'éclairer manager et managés sur leurs situations personnelles respectives.

Mais la confusion entre conversation et dialogue, ou la substitution consciente de la conversation au dialogue, peut avoir des effets pervers.

André manage une équipe de marketing dans une industrie de vêtements. Riche d'idées dans son domaine de compétence, André est aussi un excellent communiquant. Son management est, en revanche, défaillant, car André ne fait que ce qui l'intéresse, se décharge sur ses collaborateurs de ce qui l'intéresse moins, reste flou dans la définition des objectifs et surprend au dernier moment par ses pressions. Mais sa principale défaillance est que, dès qu'il est en réunion ou en entretien individuel avec ses collaborateurs, André engage de longues conversations. Le ton badin et sympathique du bavardage, dont il est le meneur, en donnant sur le coup l'illusion d'un échange, évacue toute possibilité de dialogue. Les collaborateurs d'André sont excédés mais sans défense. Leur manager est chaleureux, mais ne les écoute jamais.

Débattre est l'habitude des hommes politiques, dont l'enjeu premier est la conquête, la conservation et la manifestation du pouvoir. Ainsi que la racine du mot l'indique, le débat est associé au combat. Il nous arrive d'inviter les autres à débattre avec nous. Mais la plupart du temps, nous assistons aux débats organisés par les médias. Un manager peut clore une réunion en invitant ses collaborateurs à débattre sur les points envisagés. Dans ce cas, il est indispensable pour lui de savoir s'il veut vraiment dialoguer ou simplement connaître les avis des autres et rester sur ses positions.

Directeur des ressources humaines d'une équipe de vingt personnes, Paul a autant le souci de ses collaborateurs que des opérationnels auxquels son équipe doit efficacement servir de support. Ce souci est porté par une réelle compétence professionnelle, renforcée par la capacité de trancher. Mais Paul n'aime pas paraître directif. Aussi, quand même il a pris une décision motivée et nécessaire, il la présente comme une possibilité parmi d'autres et invite ses collaborateurs à en débattre. Le long de l'échange, Paul réfute habilement les points de vue différents du sien. Au bout de ses réfutations et sur le coup, ses collaborateurs sont convaincus de participer à la prise de décision. Mais, avec l'esprit d'escalier qui nous visite tous, beaucoup s'aperçoivent qu'ils ont participé à un « faux débat ». La reconnaissance des qualités professionnelles de Paul est ombragée par la certitude que celui-ci est un manipulateur. Lors d'une forte crise sociale, l'image du manipulateur a vite renvoyé aux oubliettes les compétences du professionnel !

Négocier est un art, et certains y trouvent un goût si particulier qu'un achat sans marchandage leur semble privé de saveur. Au plus près de chez nous, c'est le cas d'un certain nombre de méridionaux. Il nous arrive rarement de confondre négociation et dialogue, d'autant que le comportement d'autrui est là pour nous le rappeler. Mais il est nécessaire de distinguer ce qui est négociable de ce qui ne l'est pas. Un manager qui ne fait pas cette distinction se laisse marcher sur les pieds et marche sur les pieds des autres. Cet empiètement entrave l'éclosion de la liberté indispensable pour la création d'une collaboration réellement synergique.

Aline est responsable de marché dans une entreprise de téléphonie. Très sensible aux demandes de ses collaborateurs, Aline a pris et donné l'habitude de boucler elle-même le travail d'un certain nombre de ses collaborateurs. Sa difficulté à dire « non » à ses collaborateurs, très habiles dans l'art de négocier les délais, la met dans un état permanent de surcharge qui l'accable tout en lui procurant le sentiment d'être utile. Le rachat de l'entreprise et l'arrivée d'un nouveau directeur général changent la donne. Aline doit provisoirement reporter directement au DG. Missionné pour redresser la situation financière dans les plus brefs délais, celui-ci fait pression sur l'équipe d'Aline, réputée pour son efficacité. Pour avoir accepté le non négociable, Aline se trouve sans ressource pour répondre aux nouvelles exigences.

Ni conversation, ni débat, ni négociation, le dialogue engage avec l'autre ou les autres une relation directe, qui porte les individus à entrer progressivement ensemble dans le vif du sujet à traiter.

Dialoguer en se confrontant

Dialoguer, c'est mettre en commun nos idées, nos doutes, nos questions, en les soumettant à la critique bienveillante d'autres personnes, qui, comme nous, veulent comprendre. Dialoguer, c'est échanger et se remettre en question pour avancer ensemble en réalisant et en se réalisant. Dialoguer, c'est établir et maintenir, le temps qu'il faut, une relation directe avec les autres.

Est directe la relation qui a lieu sans bouclier ni épée. Nous portons bouclier et masque de fer par crainte d'être troublés, déstabilisés, agressés par les autres. Nous dégainons notre épée et adoptons la posture du guerrier pour devancer les attaques redoutées. Ces comportements défensifs ou offensifs par anticipation, au lieu de nous protéger, nous exposent à un péril singulier. Celui de rester prisonnier de ce que nous imaginons des autres et des situations. L'emprisonnement dans nos **interprétations** nous prive des informations dont nous avons besoin pour traiter adéquatement les situations, nos relations aux autres et notre relation à nous-même.

La peur de nous relier directement aux autres revêt, en entreprise, la forme particulière de l'évitement des conflits. La pratique du consensus et le recours fréquent aux formations à la « gestion des conflits » expriment cet évitement. Si l'on veut s'entraîner à gérer les tensions, c'est qu'on part du présupposé que les rapports interhumains sont fondamentalement, et donc toujours potentiellement, des rapports de rivalité. Cette peur vient de la confusion entre conflit et confrontation.

Le conflit est la situation dans laquelle le désaccord entre deux positions différentes n'a pu se résoudre. Il suppose la présence d'un objet ou d'un enjeu susceptibles de susciter la rivalité. La confrontation est la situation dans laquelle deux personnes se trouvent front à front l'une avec l'autre. Elle implique la présence de points de vue, de convictions, de tempéraments différents.

La différence est à la base de toute relation humaine. La base est ici à entendre dans tous les sens de son mot. La différence est fondatrice de relation : c'est parce que nous ne sommes pas les mêmes que nous avons à tisser entre nous des relations. La différence est une source d'alimentation : c'est dans les rencontres avec nos semblables si différents que nous puisons, chacun, l'énergie pour évoluer. La différence échangée constitue une formidable base de données : nous puisons dans nos relations tous les éléments indispensables pour nous instruire et nous construire. Si la différence peut évoluer en rapport d'hostilité, elle n'est pas destinée à le devenir. Il dépend de nous d'utiliser la différence comme aliment, comme stimulant et comme levier.

Pour s'engager dans le tête-à-tête avec autrui en dépassant la crainte du conflit, il est important de se rappeler que l'utilisation de la différence est, pour tout organisme vivant, une condition de survie. C'est en assimilant ce qui leur est extérieur et en traitant les informations émises par leur environnement que les vivants arrivent à subsister, à améliorer leur condition et à contribuer à l'évolution de leur espèce.

Pour s'engager dans le dialogue avec autrui, il est indispensable de se souvenir aussi que ce qui différencie l'être humain des autres animaux dotés l'intelligence, c'est la faculté de parler. Parce qu'il est échange de paroles et non de coups, le dialogue est, pour nous autres hommes, le moyen extraordinaire de mettre en commun nos différences et de nous enrichir des révélations entraînées par la rencontre de ces différences. Le dialogue est un moyen extraordinaire au sens d'inhabituel et de formidable. Inhabituel, car il requiert à la fois notre attention et notre ouverture : nous avons à nous concentrer simultanément sur notre pensée propre et sur les pensées qui viennent des autres. Formidable, car, une fois engagé, le dialogue fait fondre la crainte, dénoue les blocages, tricote les liens : aussitôt le dialogue commencé, nous découvrons que nous ne sommes pas seuls, que les autres sont nos appuis.

Savoir dialoguer quand il le faut

La variété des situations humaines a besoin de notre discernement pour être affrontée de manière adaptée. On ne dialogue pas avec un commerçant quand on veut obtenir une réduction de ses prix. On ne dialogue pas avec ses amis lorsqu'il s'agit de se divertir. En entreprise, où règne le principe de l'efficacité, ne pas se tromper de genre est une nécessité et une responsabilité.

Un manager pratique le dialogue quand il veut poser les fondations d'une confiance durable. Philippe, directeur d'un site industriel comptant six usines, est un excellent directeur et un manager vénéré et redouté. L'acuité de sa vision industrielle et la justesse de ses décisions, soutenues par un caractère allant droit au but, mettent ses collaborateurs dans une position de suiveurs ou d'exécutants. Or Philippe a besoin de collaborateurs capables de prendre des initiatives, et cela tant pour améliorer la production que pour pouvoir lui-même progresser sur un poste de directeur général. Philippe a beau exprimer son premier besoin, et laisser à ses collaborateurs de larges plages de manœuvre, ceux-ci persévèrent dans leur attitude. Philippe fait appel à un intervenant extérieur, qui est un consultant philosophe. Celui-ci suggère à Philippe d'organiser un séminaire sur le thème de l'autonomie et d'inviter ses collaborateurs à échanger leurs idées, leurs sentiments, leurs questions sur ce sujet.

La chose n'est pas aisée, mais Philippe a, entre autres, deux qualités : il est humble et il sait cadrer. D'emblée il énonce l'objectif du séminaire, qui est d'améliorer le travail en commun. D'emblée il prévient son équipe de sa propre maladresse et les met de la sorte à l'aise. D'emblée il prévient aussi de la fertilité des idées contradictoires. Le caractère insolite de cette entrée en matière, en suscitant l'étonnement des collaborateurs, dénoue leurs langues. Ils se mettent à croiser leurs perceptions de l'autonomie. Ce croisement leur révèle les représentations différentes, voire divergentes, qu'ils ont de l'entreprise, de la liberté, du rapport hiérarchique. D'aiguille en aiguille, un fil directeur est tressé. À la fin du séminaire, Philippe et son équipe sont surpris de leur propre découverte.

La découverte est la suivante. Alors que Philippe n'avait jamais rien imposé, mais parce qu'il voyait toujours très vite et plus loin, la plupart de ses collaborateurs s'étaient eux-mêmes mis dans une posture de *« servitude volontaire »*[1] : ils se sont soumis d'eux-mêmes. Cette formule de La Boétie, revenue soudain à la mémoire d'un directeur d'usine, a

1. Dans son ouvrage *De la servitude volontaire*, Étienne de La Boétie développe la thèse selon laquelle les hommes, en tout cas un grand nombre d'entre eux, se soumettent à l'autorité d'un autre sans que cet autre ait ordonné l'obéissance ou manifesté un quelconque désir de domination.

fonctionné comme un révélateur. À la fin de ce séminaire, l'équipe avait franchi un seuil.

Un manager pratique le dialogue quand il veut transformer un conflit en confrontation fertile. Bernard est directeur des ressources humaines d'une équipe de vingt personnes, dont quatre lui rapportent directement. Parmi eux, le directeur du développement et le directeur des relations sociales sont en conflit permanent. Ce conflit est tantôt ouvert, tantôt larvé. Quand il est ouvert, il consiste dans le chantage exercé sur les collaborateurs qui, par leurs fonctions transversales, sont obligés de travailler avec les deux directeurs. Lorsqu'il est larvé, le conflit réside dans une rétention d'informations ou une diffusion de rumeurs.

Bernard commence par donner raison à Laurence, qu'il estime être la victime de Patrick. Mais cette attitude alimente le conflit ainsi que ses effets sur les équipes. Bernard fait alors coacher chacun de ses collaborateurs par un coach différent, mais le résultat n'est pas concluant. En désespoir de cause, Bernard en parle au directeur des ressources humaines groupe, qui a jadis fait des études de philo. Celui-ci lui conseille de pratiquer la méthode du détour. Réunir ces deux collaborateurs et leurs équipes, soit dix personnes, sur le thème de l'efficacité.

La première réunion, longue d'une demi-journée, n'évoque pas le conflit existant. Chacun s'exprime sur sa vision de l'efficacité et tous finissent par signaler que les conflits entre personnes y font obstacle. En s'orientant sur les freins et les leviers, le dialogue décongestionne la situation tout en permettant à Laurence et à Patrick de faire connaissance sur le terrain jusqu'ici inconnu de leurs représentations du monde. À cette réunion succède une deuxième, dont le thème est : « Comment être plus efficaces ? » Les désaccords sont dits, soumis au discernement de chacun et à la réflexion en commun. Le groupe joue à son insu le rôle de régulateur. Au bout de quelques réunions, si l'amitié ne vient pas se substituer à l'inimitié, un grand pas est fait. Le dialogue permet à Laurence et à Patrick de prendre conscience du poids de leur comportement sur les équipes, mais aussi du fait que Bernard est à présent déterminé à se séparer de ceux qui polluent le travail du service.

Dialoguer, c'est relier

Entrer dans un tête-à-tête où personne n'est à la tête, où l'on ne tient pas tête, mais où tous cherchent à avancer grâce à la rencontre des différences, c'est placer le chef là où la nature l'a mis : au niveau de notre tête, lieu physique de notre cerveau, doté d'une droite et d'une gauche. Notre cerveau « gauche » conceptualise, ordonne et conclut – il procède en raisonnant et en rationalisant. Notre cerveau « droit » ressent, flaire et inclut – il chemine en réagissant affectivement et en saisissant intuitivement.[1]

L'échange réalisé lors du dialogue porte chaque interlocuteur à parler à partir de lui-même. Parler à partir de soi, ce n'est pas livrer ce qui est intime, mais dire ce que nous pensons personnellement. Ce que nous pensons personnellement vient de ce que nous sommes, et nous sommes indissolublement cœur et raison, connaissance et ignorance, certitude et inquiétude, chair et esprit. Autant dire que le dialogue mobilise le cerveau tout entier reliant raisonnement et intuition, raisons et sentiments. Cette mobilisation générale est la condition du passage à l'action constructive. Sans l'énergie des sentiments et le flux des intuitions, la raison reste enfermée dans sa nébuleuse. Sans les clartés et les pondérations de la raison, le cœur reste prisonnier de ses passions.

En amenant chacun à parler aux autres à partir de lui-même, le dialogue relie des individus qui auraient pu surfer

1. Cette distinction simpliste ne doit pas nous faire oublier que notre cerveau constitue une unité.

sur un contact sans conséquence ou un contact artificiel. Sont superficiels ou artificiels les contacts impersonnels, ceux où le thème abordé n'interpelle pas l'être mais exclusivement le paraître, ceux où les individus avancent masqués derrière les idées reçues, leur statut social ou leur fonction. Les contacts cessent d'être creux et factices dès lors que les individus deviennent chacun « je » et « tu ».

La parade des masques est très forte en entreprise, société hiérarchisée et organisée autour du faire et pour faire. Le mouvement naturel de l'entreprise entraîne chacun à se présenter à travers le pouvoir qu'il exerce, convoite ou redoute, à travers les compétences pour lesquelles il est rémunéré et leurs effets. Or, en entreprise comme ailleurs, chacun d'entre nous est d'abord et fondamentalement une réalité vivante qui se saisit de l'intérieur comme une réalité une, unique, consciente de ce qui lui arrive. En entreprise comme ailleurs, chacun d'entre nous est un « je qui pense » parmi d'autres « je pense ». « Je » suis celui que les autres appellent par un nom, « je » suis celui qui répond à ce nom. Appelé, je suis « tu » pour l'autre. La relation instaurée par le dialogue est celle du « je-tu ».

Cette relation décentre chacun de son « ego » pour le situer dans le champ de la relation interpersonnelle. L'« ego » est le moi qui se prend pour le centre du monde – l'ego dit « moi, moi, encore moi, toujours moi ». Le « je » est le centre à partir duquel chaque individu perçoit le monde dans lequel il est situé – le « je » dit seulement « je suis, je pense ». En reliant des consciences et non des arrogances, le dialogue exprime et confirme le fait que l'humanité est *« une singulière pluralité d'êtres uniques »*[1].

Dialoguer, c'est relier ce qui, restant délié, empêche notre **essence** humaine d'advenir.

1. L'expression est utilisée par la philosophe Hannah Arendt, dans *La condition de l'homme moderne*.

En cheminant de Socrate vers Jaspers

L'invention du dialogue

Socrate invente le dialogue philosophique comme méthode pour rechercher la vérité sur une situation qui soulève un problème d'ordre moral. Que signifie la justice ? Comment cet homme, qui a en charge le gouvernement de la cité, peut-il gouverner justement ?

L'invention du dialogue philosophique succède de très près à deux autres inventions. Celle de la tragédie et celle de la démocratie.

Dans le sillage d'Homère et d'Hésiode, les auteurs tragiques[1] empruntent leurs thèmes à la mythologie. Mais au lieu de présenter le thème choisi sous forme de récit continu, ils créent des personnages. Investis chacun d'un rôle particulier, les personnages échangent entre eux, pendant que, autour d'eux, un cortège appelé chœur tragique fait écho à leur propos. Cet échange, qui a lieu sur une scène en plein air, est vu et entendu de ceux qui viennent y assister. Le mot théâtre, du verbe grec *theorein* qui veut dire voir, signifie à la fois l'endroit où se déroule le spectacle, et le spectacle lui-même. L'originalité du théâtre tragique, c'est d'introduire une distance physique et intellectuelle entre le mythe et l'individu. Cette distance fait naître un regard critique sur le mythe. Ainsi, de croyance, le mythe devient matériau de réflexion. Le spectateur peut dorénavant se forger une opinion personnelle sur le comportement, par exemple, d'Électre et d'Oreste qui vengent leur père Agamemnon en assassinant leur mère et son amant*. Ainsi, ce qui est véhiculé par la tradition est mis à la discussion, problématisé.

En écrivant les règles de la vie en commun, les Athéniens inventent les lois. Ces textes qui contiennent les règles du gouvernement et de la vie en commun protègent la communauté de l'arbitraire des tyrans. Chaque gouvernement est obligé de se soumettre à des règles indépendantes de ses intérêts du moment. Cette protection s'accentue avec l'institution de la démocratie. Les lois sont votées par les citoyens réunis en assemblée du peuple. Les questions relatives au

1. Eschyle, Sophocle, Euripide.

destin de la cité sont mises à la discussion. Les citoyens échangent entre eux et, à la fin de cet échange, ils décident en votant à main levée. Cette démarche encourage chacun à exercer son discernement et à choisir en fonction de l'opinion qu'il s'est forgé. Tous, en revanche, se soumettent au principe de la majorité, seul moyen d'échapper à la tyrannie d'une minorité. Le régime démocratique est le terreau de l'expression libre des pensées différentes, divergentes, contradictoires.

Si elle présuppose le dialogue théâtral et le débat public, l'invention socratique du dialogue franchit un seuil décisif. Il ne s'agit plus de prendre du recul par rapport à des échanges préfabriqués par un autre, mais de s'engager dans l'imprévisibilité des questions-réponses de la communication vivante. Il ne s'agit plus de discuter pour légiférer ou trancher, mais de discuter pour comprendre ensemble et devenir meilleurs.

En somme, le dialogue socratique consiste à mettre face à face des individus et de leur demander d'utiliser la parole comme vecteur de leur désir de compréhension. Il consiste aussi à exiger de chaque interlocuteur d'exercer son esprit critique jusqu'au bout, sans veiller à ménager autrui, soi-même ou l'ordre établi. C'est par son deuxième volet, politiquement pas correct du tout, que le dialogue socratique est dérangeant. Socrate est accusé de ne pas respecter les dieux de la cité et de corrompre la jeunesse. Cette accusation, suivie de la condamnation à mort de l'inventeur du dialogue*, révèle de manière flagrante et transhistorique les limites du régime démocratique. Celui-ci accepte le débat mais non le dialogue. Le débat défend des points de vue connus d'avance, alors que le dialogue surprend en amenant les gens à changer de point de vue. Le débat fait partie du jeu politique, alors que le dialogue critique le régime démocratique lui-même[1]. Ainsi le dialogue n'hésite-t-il pas à identifier les endroits où les intérêts particuliers prennent le pas sur l'intérêt collectif.

La leçon à tirer de l'histoire de Socrate, c'est que le dialogue est générateur de changement. Éviter le dialogue, c'est redouter le changement. Et craindre le changement, c'est toujours risquer de perdre

---

1. Le philosophe contemporain, Jürgen Habermas fait dépendre le fonctionnement de la démocratie moderne de la pratique régulée du dialogue, qu'il appelle *éthique de la discussion*.

ce que l'on souhaitait conserver à tout prix. Après la mort de Socrate, Athènes, la reine des cités grecques, perd son prestige. Supplantée par sa rivale de toujours, la cité de Sparte, Athènes passe de la démocratie aux pouvoirs éphémères de minorités avides de vaine gloire et d'argent.

Le rapport ambigu entre dialogue et philosophie

Pour rendre hommage à son maître adoré, Platon rédige tous ses traités philosophiques sous forme de dialogues, dont le principal personnage est Socrate. Mais le Socrate de Platon est une marionnette à laquelle son auteur fait dire ce qu'il veut. Et le Socrate platonicien est lui-même un manipulateur qui conduit ses interlocuteurs là où Platon veut les mener, les réduisant tous à des répliques telles que « assurément », « évidemment », « oui, Socrate, tu as raison ». Philosophe formidable, psychologue hors pair, analyste politique excellent, génial métaphysicien, merveilleux créateur de contes philosophiques, Platon assassine le dialogue en en faisant un genre littéraire.

Platon a une attitude paradoxale. Pendant que, dans ses ouvrages écrits, il cloue le bec aux contradicteurs de son Socrate, il continue lui-même de dialoguer avec ses disciples. Pendant qu'il couvre tous les domaines de la connaissance par ses interprétations écrites, il accuse l'écriture de trahir la pensée en la figeant.

L'histoire de la philosophie reste tout entière et tout le long tributaire du paradoxe incarné par le premier grand philosophe. D'une part, Platon ouvre la voie aux philosophies monologuantes, dans lesquelles l'auteur érige sa représentation du monde en système qui s'affirme absolument vrai en se suffisant à lui-même. D'autre part et en même temps, Platon laisse courir le long des siècles l'idée que la lettre tue l'esprit et que, pour rester vivante, la pensée doit s'exercer en dialoguant. L'histoire officielle de la philosophie sera donc « académique »[1], enseignée dans les écoles, puis dans ces institutions de l'Église ou de l'État que sont les universités. Et cette histoire officielle sera toujours doublée d'une autre, périphérique ou officieuse, composée par des dialogues de genres différents.

---

1. Est appelé académique ce qui obéit aux normes de l'enseignement officiel. Le terme renvoie à l'Académie, la première école d'enseignement rigoureux, fondée par Platon.

Dans le sillage de l'histoire académique de la philo, chaque grand philosophe commence par engager un dialogue écrit avec les thèses de ses prédécesseurs. Drôle de dialogue, puisque ceux-ci ne sont pas là pour alimenter oralement l'échange.

Ainsi Aristote confronte les points de vue des Présocratiques sur la Nature pour forger sa *Physique,* premier ouvrage systématique destiné à expliquer les faits naturels, en commençant par les deux phénomènes naturels fondamentaux, le mouvement et le changement. Physicien, Aristote se situe en se démarquant par rapport à Thalès, à Anaximandre, à Démocrite, à Héraclite. Ainsi, Aristote, encore, soumet à l'examen critique la théorie des Idées* de son maître Platon, avec lequel il n'a cessé de dialoguer de son vivant. De ce dialogue, d'abord vivant puis imaginaire, naît la *Métaphysique* aristotélicienne, qui traite de tout ce qui est au-delà du monde physique, du fondement des réalités en devenir. Métaphysicien, Aristote pense le fondement invisible de la réalité visible sans pour autant poser pour référent un monde éternel de formes immatérielles.

Nous pourrions multiplier les exemples. Pascal dialogue avec Montaigne, critique Aristote et Descartes. Kant dialogue avec Hume et Rousseau, sans oublier Platon. Hegel dialogue avec Kant, en revenant aussi à Aristote et à Socrate. Marx dialogue avec Hegel, en reprenant la pensée de Démocrite et d'Épicure... Dans tous les cas, il s'agit d'un dialogue singulier, puisque c'est en interrogeant les textes à partir de ses propres préoccupations que le philosophe qui cherche sa voie trouve les éléments qui vont jalonner sa route. Dialogue intériorisé, puisque le philosophe qui se cherche engage, grâce à ses prédécesseurs, le dialogue avec lui-même.

Le dialogue existentiel ou la communication selon Jaspers

Philosophe, psychiatre de première formation, Karl Jaspers estime que ce dont souffre son époque, qui est le milieu du XXe siècle, est le manque de communication. Jaspers revient à la signification première de ce mot. Communiquer, ce n'est pas transmettre des informations ou entrer simplement en contact. Communiquer, c'est rencontrer l'autre en échangeant avec lui sur des questions de fond. Ces questions sont d'ordre existentiel. En effet, ce qui nous importe au plus haut point, c'est de vivre une vie qui ait du sens. Vivre une existence qui ait du sens, c'est affronter les difficultés, l'échec, la souffrance, la maladie et la mort sans sombrer dans le sentiment de l'absurde ou dans le désespoir.

Nourri aux sagesses de tous les temps, grand connaisseur de la pensée grecque, Jaspers est de culture chrétienne protestante. Proche du judaïsme[1], le protestantisme[2] affirme avec force que Dieu est une Personne qui, ayant créé l'homme à son image, s'adresse personnellement à chacun d'entre nous. Tout individu est, pour Dieu, un « je » unique qu'Il interpelle en lui disant « tu ». Dans le sillage de cette relation fondatrice, communiquer, c'est engager avec les autres une relation authentique, basée sur la donnée irréductible suivante : je suis au monde grâce à l'humanité qui m'a précédée en me transmettant la parole et la capacité de penser ; je ne peux exister humainement sans les autres ; je ne peux pas devenir moi-même tout seul. Cette donnée constitue, pour Jaspers, la *« condition universelle de l'être-homme »* : nous devenons hommes en communiquant sur ce qui nous fait hommes.

La philo est ce qui ramène chaque individu au centre où il devient lui-même en se reliant aux autres et en s'insérant dans la réalité. La philo consiste à mener, avec d'autres, la quête du sens de ce qui nous englobe et de ce qui nous arrive. Du coup, l'essence de la philo est dans la réalisation d'une communication qui s'établit, non seulement de raison à raison, mais d'existence à existence. Avec Jaspers, nous sommes à la fois près et loin du dialogue socratique. Près, car le dialogue socratique fait de la confrontation des idées le chemin vers la compréhension. Loin, parce que le dialogue socratique porte sur des thèmes généraux, laissant hors tout ce qui a trait à l'existence personnelle. Par son éloignement de Socrate, Jaspers confère à la philo une mission nouvelle. Elle n'est pas là seulement pour faire la clarté sur les choses. Elle est là surtout pour conduire chacun d'entre nous à ses questions essentielles, aux questions dont dépend la vérité de sa propre vie.

---

1. Religion et courant de pensée dont l'origine remonte à l'alliance passée entre le Dieu de la Bible et le peuple hébreu à travers Abraham*. *Cf.* culture générale, le sacrifice d'Abraham et la fondation du judaïsme.
2. Courant chrétien, puis branche du christianisme, qui s'oppose au catholicisme en affirmant le droit de tout chrétien d'interpréter lui-même les textes bibliques.

La communication existentielle actualise ce que chacun est et ce à quoi chacun aspire. Ce que chacun est et ce à quoi il aspire constitue sa liberté, sa façon tout à fait personnelle de construire le sens de sa vie. Le manque de communication génère, par-delà la souffrance de la solitude, l'impossibilité d'accomplir son destin. Ne pas accomplir son destin, c'est couler sa vie dans les moules et les masques, c'est passer à côté des rencontres, c'est se louper soi-même.

La philo pratique

Dialoguer, c'est prendre le risque de la communication d'homme à homme. Ce risque préserve du péril de pollution et de contamination contenue dans le non-dit. Dialoguer, c'est saisir la chance de l'échange véritable, seul capable de faire connaître ce qui est en jeu et ceux qui sont impliqués dans ce jeu.

Le dialogue est le ressort fondamental du manager, le levier dont dépend autant son autorité que la ***motivation*** *de ses collaborateurs. L'autorité repose sur la confiance. Or celui qui accepte de dialoguer fait et se fait confiance. La motivation repose sur l'appropriation. Or pour s'approprier une décision, une idée, un projet, il est nécessaire d'avoir contribué à sa compréhension.*

Ce ressort fondamental est fortement mis en difficulté en entreprise. À la complexité croissante de sa réalité embarquée dans la complexité du monde, l'entreprise répond souvent par la complication de son organisation et par l'opacification de ses processus de décision. À la nécessité d'adopter la langue commune de l'anglais pour s'entendre dans tous les coins du monde, les entreprises répondent souvent par une simplification de langage qui, se spécialisant en « affaires », manque de nuances en affaires humaines. À la perspective à double tranchant offerte à leurs dirigeants, projetés dans des carrières passionnantes à partir de sièges éjectables, correspond, dans l'entreprise, une masse de pavés que l'on se met sur la langue. Le « politiquement correct » se répand de la tête à l'ensemble du corps de l'entreprise. L'usage du « consensus » comme parapluie et non comme sens partagé délie au lieu de relier.

Et la difficulté est d'autant plus forte pour le middle manager, *pris en sandwich entre le* ***pouvoir****/puissance et le pouvoir/réalisation.*

S'il existe des moyens pour encourager l'étonnement qui questionne et pour promouvoir la définition qui ouvre, le dialogue, lui, relève de conditions bien plus intérieures, conditions qui correspondent à des vertus. Ces vertus sont le courage et l'humilité. Et le problème de ces vertus, c'est leur rareté.

Mais il est possible de contourner ce problème en revenant à la racine latine du mot vertu : vis *signifie la force. S'emparant de cette racine, Machiavel confère à la* virtù *un sens qui n'a rien à voir avec l'éthique. Selon lui, la* virtù *est la capacité de réagir de manière pertinente à la* fortuna, *ce cours des choses indépendant de notre volonté. Ainsi définie, la vertu est qualité stratégique, capacité de saisir l'opportunité et d'en faire l'occasion et le matériau d'une action efficace.*

Le « point philo » oscille ici entre l'ouverture sincère à l'autre et le pragmatisme. Cette oscillation ouvre deux chemins, et à chacun de prendre l'un ou l'autre en fonction de son tempérament.

Au manager qui est spontanément ouvert à l'échange mais qui hésite à être, en entreprise, comme il est dans sa vie, l'humilité et le courage suggèrent ceci :

- *L'homme est le même partout, au travail et hors du travail. C'est un être qui souffre, qui aime, qui craint, qui espère, et qui, par-dessus tout, a besoin de se sentir exister ;*

- *Interpeller l'autre pour avancer avec lui, c'est reconnaître qu'on a besoin de lui. Cette reconnaissance de son existence et de son utilité ouvre son cœur et son intelligence ;*
- *La compagnie d'êtres au cœur et à l'intelligence ouverts est un environnement favorable à notre propre ouverture. Personne ne se suffit à lui-même. Notre devenir et nos réalisations sont le fruit d'expériences partagées ;*
- *Si l'entreprise entraîne dans une fuite en avant et une langue de bois qui laisse peu de place au dialogue, c'est au manager d'introduire un autre temps dans la course et une autre* ***parole*** *dans la masse des* ***discours****.*

Au manager qui n'est pas spontanément porté à échanger avec ses collaborateurs, la définition machiavélique de la vertu suggérerait ceci :

- *Ne pas dialoguer avec ceux dont nous ne pouvons nous passer pour réaliser notre propre réussite, c'est prendre le risque de ne pas réussir ;*
- *Ne pas dialoguer avec ceux qui composent notre environnement quotidien, c'est prendre le risque d'un quotidien morose ;*
- *Faire le choix du dialogue par souci d'efficacité suppose discernement et prudence. Tous les sujets n'étant pas à mettre au dialogue, il est indispensable de ne pas se tromper de sujet.*

Un regard qui voit large et loin nous porte soit à parier soit à espérer. Voici les termes du pari ou de l'espoir : partout où il y a de l'humain, tout est possible, le pire comme le meilleur. C'est en misant sur le meilleur qu'on éveille le meilleur. C'est en misant sur le meilleur sans oublier la possibilité du pire qu'on est généreux sans être candide. La responsabilité du manager est de frayer sans cesse la voie entre la confiance en l'homme et la naïveté concernant l'homme. Dans cette responsabilité, il est guidé par le cortège des sages. La méfiance génère la méfiance, la violence provoque la violence, le mensonge appelle le mensonge. Pour enrayer l'engrenage, le seul moyen c'est d'adopter, avec conviction et sans délire, l'attitude contraire.

Chapitre 9

Fonder pour faire durer

Commencer sans vraiment fonder

Nous désirons fonder une famille, l'humanité fait son histoire en fondant des villes, des États, des corporations de métiers, des ordres religieux, des écoles, des associations, des entreprises. Nous parlons des fondations du bâtiment que nous avons le projet de construire. Dans tous ces cas, fonder est un acte particulièrement important, car il vise à assurer, à sa base, la stabilité d'une construction. Nous savons tous, de manière plus ou moins claire, que la durée d'une réalité dépend de la robustesse de son assise. Et nous associons tous, de façon plus ou moins précise, la solidité de l'assise, et donc de l'édifice qu'elle supporte, aux investissements faits au commencement. Que la construction soit sociale, matérielle ou les deux à la fois, ses chances de pérennité relèvent, à nos yeux, de la qualité des premiers travaux.

Nos ancêtres étaient particulièrement attentifs aux fondations. Ils attribuaient la naissance de leur peuple, de leur ville, de leurs traditions, de leurs institutions à un événement fondateur, très souvent lié à l'intervention d'un dieu ou à l'initiative d'un homme illustre. Le peuple hébreu trouve sa fondation dans l'alliance passée entre Dieu et Abraham, le chef de la tribu d'Israël, qui obéit sans hésiter à la demande folle de Dieu de lui sacrifier son fils unique*. La ville d'Athènes doit sa fondation et son nom à la déesse Athéna, qui offrit à cette cité naissante un olivier, symbole de paix et de prospérité*. La tradition de l'œuf de Pâques, symbole de renaissance, trouve son fondement dans le mythe de l'œuf cosmique, source de l'univers[1]. L'empire romain germanique trouve sa fondation dans l'alliance initiée, par Charlemagne, entre des peuples de culture et de langue différentes.

Fonder était, pour nos ancêtres, un acte **sacré**, qui conférait à une production humaine, par essence fragile et provisoire, une destinée pérenne. Cet acte était régulièrement célébré, reproduit par des gestes rituels évoquant le scénario du premier commencement. Cette commémoration rassemblait tous ceux dont l'histoire se trouvait liée à l'événement originel, au symbole ou à l'individu fondateur. Fonder était un acte initial, initiateur et fédérateur dont il était nécessaire de se rappeler pour qu'il continue d'irriguer le présent de la puissance lumineuse de son commencement.

Conscients de l'importance de l'assise première, nous devenons pourtant de moins en moins attentifs à l'aspect nourricier et sacré des fondations. À l'horizon de toute fondation familiale plane désormais, que nous le voulions ou pas, l'éventualité de la famille décomposée. Nos engagements sont souvent des contrats qui incluent la clause de leur résiliation. Les habitations que nous construisons sont bâties pour une durée limitée. Tout semble devenir à l'image de nos produits de consommation, dont le cycle de vie est de plus en plus court. Nous commençons des choses importantes pour notre histoire individuelle ou pour l'histoire collective sans vraiment penser ce que fonder veut dire. Nous

1. L'œuf est, dans toutes les cultures, le symbole de la naissance du monde. Réalité primordiale, il contient en germe la multiplicité des êtres. L'œuf est l'image de la plénitude. Par sa forme, il est l'image de la concentration créatrice, de l'alambic où s'élaborent les choses essentielles. Par sa fonction, il est l'image de la révolution périodique de la nature, du retour des saisons, de la renaissance sans cesse recommencée. Aussi, l'œuf est-il un symbole fondateur (il renvoie à l'origine et la renouvelle).

posons des bases pour nous poser, nous reposer, faire une pause. Notre champ d'action reste l'éphémère, ce qui, par essence, est destiné à disparaître bientôt.

Nous oublions que fonder répond, pour nous autres humains, à une nécessité vitale.

Fonder pour créer des racines nourricières

Durer, c'est résister à l'usure. L'érosion des montagnes est si lente que celles-ci nous donnent l'impression de leur durée indéfinie. Solide comme un rocher, disons-nous. La vitesse de disparition d'un être humain peut être si fulgurante que la longévité, tant qu'elle n'est pas confirmée par le nombre des années vécues, reste de l'ordre du souhait et de la donnée statistique. Notre désir de durée est, au fond de nous, d'autant plus fort que notre inconscient connaît la précarité de toute vie. Fonder répond à ce désir. Ce désir prolonge la tendance sédentaire inscrite dans notre nature animale et l'anxiété inhérente à notre nature humaine.

Ce qui distingue les animaux des végétaux, c'est la capacité physique du déplacement. Les arbres sont, par leurs racines, rivés à la même place, toujours. Sans racines, autant mais tout à fait autrement, les reptiles, les poissons, les vertébrés se meuvent de lieu en lieu. Privés d'attaches naturelles, les animaux ont besoin de se poser de temps en temps.

Ce qui distingue les vivants humains des vertébrés supérieurs, c'est la conscience d'être de passage dans cette vie. Cette conscience renforce le besoin de construire un habitat, de laisser une trace, d'arrêter le mouvement, de se reposer. Exposés à tout moment à la possibilité de mourir, les hommes ont besoin de produire des biens non mobiles, des biens qui demeurent, des demeures.

Non seulement procréer, mais créer une famille. Non seulement s'abriter, mais construire toute une ville. Non seulement communiquer, mais aussi transmettre sont le fait d'un être qui se fabrique des racines. Pour créer une réalité qui résiste au temps qui passe en usant, il est nécessaire de commencer par en assurer l'assise.

Fonder, c'est construire en imitant la nature de l'arbre, symbole de vie. L'assise naturelle de l'arbre est sa racine. La racine lie l'arbre à la terre en le nourrissant. Un arbre naît de ses racines. D'une graine en germination pousse un embryon de racine qui s'allonge, s'épaissit, se ramifie avec une incroyable rapidité. Les racines sont à la fois le socle et le foyer générateur de l'arbre, qui se développe et se déploie à partir d'elles et comme en miroir, puisque le système des branches ressemble au système radiculaire. Les racines font vivre l'arbre. Elles irriguent le tronc, les branches, les tiges et les feuilles de l'eau qu'elles absorbent et qu'elles rediffusent. Elles l'alimentent des substances contenues dans la terre où plongent leurs ramifications. Ces ramifications souterraines continuent de pousser jusqu'à la mort de l'arbre auquel d'ailleurs elles survivent, tant cette assise est puissante et porteuse de durée.

Fonder, c'est poser ce qui porte, nourrit, supporte, vivifie. Fonder, c'est poser, dans un environnement changeant, quelques repères qui font sens et autour desquels se rassemblent, pour cheminer ensemble, ceux qui s'y reconnaissent. Fonder, c'est, en somme, créer un centre de gravité qui attire sans subjuguer, qui éclaire sans aveugler, qui relie sans enchaîner. Fonder, c'est créer un centre de repères qui, par leur stabilité, permettent, justement, aux hommes d'aller vers l'avenir avec confiance, en misant sur la vigueur des nouvelles branches, de nouvelles feuilles, de nouveaux points de vue sur le monde.

Ne dure que ce qui change en se renouvelant. Fonder, c'est poser les conditions d'une évolution dont le sens, déposé à l'origine, exige la liberté créatrice pour continuer d'assumer sa fonction de racine. Fonder, c'est faire commencer la source d'une série imprévisible de nouveaux commencements.

Dans une civilisation de l'extrême mobilité des choses et des hommes, où tout tend à s'effacer à une vertigineuse rapidité, fonder en pensant à l'arbre atténue les risques de la dispersion, de la fragilisation, de la fuite en avant et de la décomposition.

Fonder en identifiant des principes communs

L'entreprise est actuellement située là où les chocs des changements sont les plus rudes. Les progrès technologiques remettent en cause les pratiques professionnelles, l'instabilité des besoins et les caprices boursiers font pulser irrationnellement le marché. Le sol sans cesse se dérobe. Cette instabilité continuelle inspire aux individus qui travaillent une inquiétude que l'entreprise doit à la fois entretenir et calmer. Il est nécessaire d'entretenir une forme de non-quiétude, car c'est elle qui permet l'adaptation. Mais il est indispensable de créer des îlots de terre ferme, car l'être humain ne peut s'adapter s'il n'a rien à quoi s'accrocher.

Un manager travaille aux fondations quand il renvoie ses collaborateurs à un ensemble de **principes**. Actuellement, il devient courant pour les entreprises d'énoncer ce qu'elles appellent leurs « valeurs ». Mais, la plupart du temps, l'entreprise édicte des valeurs sans les décliner. Et, souvent, l'entreprise affiche une liste qui, par sa longueur, disperse au lieu de fédérer.

Henri est en charge de mettre en place la *supply chain* d'une industrie pharmaceutique. En prenant ses fonctions de directeur, il s'aperçoit des cloisonnements existant entre les services qui, désormais, ont à travailler ensemble. Il constate également l'absence, dans la plupart de ces services, de l'esprit client. La nouvelle organisation des services qu'il met en place se heurte à l'inertie des habitudes prises. Comme les habitudes sont incarnées par les hommes, il oriente sa recherche vers ce qui, dans le groupe, s'adresse directement aux hommes. Son regard rencontre les valeurs de la « performance », de la « communication » et de la « responsabilité ». Il décide d'en faire le fondement d'un comportement nouveau.

Il réunit les directeurs de chaque maillon de la chaîne et leur demande de définir chacune de ces valeurs en fonction des besoins d'un processus transversal qui, allant du client au client, supporte toutes les activités de l'entreprise. Le résultat du dialogue pour les définitions est révélateur. À moins de se contenter de définitions théoriques, ce qui est absurde dans le cadre d'une entreprise, force est d'admettre que chacune des valeurs exige un certain nombre de comportements. Force est d'admettre aussi que ces trois valeurs sont indissolublement liées et qu'il est impossible d'atteindre la performance sans une attitude responsable qui inclut l'obligation de communiquer.

L'équipe de direction élabore une brochure provisoire avec les valeurs déclinées en comportements bien identifiés. Cette brochure sert de document de travail à chaque directeur, qui réunit ses responsables en leur demandant de décrire les comportements en fonction des besoins du service au service de la *supply chain*. Le résultat du dialogue pour les descriptions coïncide avec une prise de conscience. Le décloisonnement est la condition de la performance. Chaque comportement se traduit par des actions qui ont des effets sur l'ensemble de la chaîne.

Les responsables font le même travail avec leurs collaborateurs. À chaque niveau, le dialogue aboutit à la reconnaissance, par tous, de la nécessité de travailler autrement, suivie de la définition d'un nouveau mode de fonctionnement.

En rassemblant les fruits des travaux et en les référant tous aux valeurs du groupe, Henri fait établir la brochure définitive. Celle-ci contient « les fondamentaux de la *supply chain* ». Ce référentiel éclaire, fédère et surveille. En effet, il rappelle à tous ce qui est incontournable, il signale que cet incontournable requiert la coopération de tous et stigmatise les écarts produits.

Au bout d'une année, l'efficacité de la *supply chain*, ressentie à tous les endroits de l'entreprise et par le client externe, sert d'exemple. La fondation à partir de valeurs qui étaient simplement affichées donne à l'ensemble du groupe des valeurs à vivre.

Un manager travaille aux fondations quand il cherche à mettre fin aux conduites arbitraires en amenant les gens à élaborer une charte des engagements. Celle-ci n'a évidemment d'intérêt que si elle n'est pas lettre morte, suspendue aux murs des salles d'accueil, de réunion ou des bureaux.

Martin est directeur d'une caisse régionale de maladie. Ses salariés, quel que soit leur niveau hiérarchique, souffrent d'un stress excessif qui rend l'atmosphère insalubre et porte gravement atteinte à l'efficacité. Une enquête menée par un psychologue révèle que ce stress vient, en grande partie, des abus de pouvoir produits par un bon nombre de managers qui pratiquent les uns l'iniquité, les autres le harcèlement, certains les deux à la fois. Les propositions du psychologue, qui visent à soigner le symptôme, déplaisent à Catherine, médecin du travail. À ses yeux, il ne faut surtout pas répondre à une pathologie par de la médecine. Elle propose au directeur une autre voie. Amener les managers et les managés à prendre conscience de leurs responsabilités réciproques.

Dans une ambiance dégradée par des pressions de toutes sortes, faire appel à des volontaires est le seul moyen de ne pas ajouter du stress à du stress. Le directeur, avec l'accord du comité d'entreprise, lance trois « groupes de dialogue » sur le thème « mieux vivre dans notre entreprise », chaque groupe réunissant des salariés du même niveau hiérarchique. Parallèlement, il oblige le comité de direction à réfléchir sur ce même thème. Un intervenant philosophe anime les séances de travail, Catherine participe à tous les groupes. L'ensemble des salariés est informé des fruits du dialogue par l'intermédiaire du journal interne. Les groupes convergent pour dire que, pour réduire les comportements arbitraires, il est nécessaire de mettre de la cohérence dans le management des hommes. L'idée d'une charte des engagements réciproque voit le jour.

Martin réunit ses dirigeants et tous les managers pour leur présenter cette idée, et pour adresser un nouvel appel à des volontaires pour ce nouveau travail. Un groupe, tous niveaux hiérarchiques confondus, est formé. La volonté d'être simple et très concret donne naissance à une charte constituée de quelques engagements. « J'exige de moi-même ce que j'exige des autres. Je m'exprime clairement, de façon compréhensible de tous. J'encourage l'autre à s'exprimer clairement et l'aide à formuler sa demande ou sa question. En toutes circonstances, je définis clairement le cadre de l'action. En permanence, je m'efforce d'anticiper en traitant les questions en amont. »

Tous savent que les phrases deviennent fondations seulement si les gens y adhèrent en les transformant en actions. Martin accepte la proposition du groupe de faire intervenir une troupe de comédiens. Puis il satisfait à la demande des acteurs de mener une enquête sur les habitudes managériales dans cette entreprise. Lors d'un spectacle au Palais des Congrès, l'ensemble du personnel découvre, grâce à des sketchs drôles, ce qui se passerait si l'on ne respectait pas les engagements. Et ce qui se passerait n'est rien d'autre que ce qui se passe actuellement…

Six ans après le lancement festif de la charte, si tout n'est pas rose au quotidien, les gens estiment travailler vraiment mieux.

Fonder ensemble

Toute fondation pose des valeurs et sa durée repose sur le lien que les personnes ou la collectivité concernées entretiennent avec celles-ci. Une valeur est ce qui vaut la peine que des hommes se mobilisent pour son respect et sa défense. Cela peut être un **idéal**, un **modèle**, un **principe**. La justice est un idéal, la démocratie libérale est un modèle de régime politique, la sincérité est un principe éthique. Mais cela peut être aussi une réalité. Toutes les sagesses, toutes les religions, toutes les chartes des droits de l'homme affirment que tout être humain est une valeur.

Cette définition et ces exemples signalent déjà le problème soulevé par les valeurs. Il n'est pas de régime politique qui ne prétende respecter et défendre la justice par ses lois. Or nous savons tous combien de crimes contre l'humanité ont été commis au nom de la justice. « Ne pas mentir » figure parmi les commandements de tous les peuples. Or personne d'entre nous ne conteste la nécessité de mentir pour ne pas trahir ou pour ne pas blesser. À chaque fois que le nom d'une valeur est énoncé, un contenu différent est affirmé. Et cette différence est souvent à l'origine de conflits et de guerres, puisqu'une valeur est, pour ceux qui y croient, ce qui vaut la peine d'être défendu.

Les valeurs divisent autant qu'elles peuvent relier. Ce point mérite l'attention des directions générales qui, depuis un bon moment déjà et de plus en plus, posent ce qu'elles appellent « les valeurs de l'entreprise ». L'affirmation de valeurs autres que marchandes répond à un entrecroisement de besoins divers. La dispersion géographique, générée par la croissance externe et la mondialisation, fait naître le besoin de s'entendre sur quelques fondamentaux communs au groupe. La diversité des profils, exigée par un recrutement qui mise sur la complémentarité des différences, fait naître le besoin de se retrouver autour de quelques principes partagés. L'intérêt de pouvoir présenter une identité forte sur le marché suscite la nécessité de communiquer des valeurs appréciées par la majorité des clients, des actionnaires et des partenaires.

L'intention des entreprises qui posent leurs valeurs est d'afficher une façade sympathique et aussi de rassembler leurs collaborateurs épars autour d'un certain nombre de repères. Le premier volet de l'intention l'emporte souvent sur le second. Affichées sur les murs ou figurant sur une plaquette, les valeurs font fonction de parure plutôt qu'elles ne jouent un rôle fédérateur et dynamisant. Or, pour être fondatrices de cohésion, de motivation et d'action efficace, les valeurs doivent être reconnues comme telles par les membres de la société qu'elles sont destinées à souder. Les êtres humains ne reconnaissent vraiment que ce qu'ils comprennent, et ils ne comprennent vraiment que ce à quoi ils ont, d'une manière ou d'une autre, participé.

Sans participation compréhensive, le rapport aux mêmes valeurs peut susciter des malentendus et diviser. Par exemple, la « loyauté », érigée en valeur par une entreprise, n'a pas le même sens en Europe et en Chine. Et, au sein d'un même pays et d'une même unité, la loyauté, peut signifier autant l'honnêteté courageuse que la soumission aveugle à la hiérarchie. La divergence non dite des points de vue est plus que gênante. Tant qu'une valeur n'est pas mise au dialogue, elle est, dans le meilleur des cas, inutile et, au pire, source de confusions.

De l'affichage distrait de sa table des valeurs, une entreprise a intérêt à passer à une démarche concrète. Celle-ci commence par le comité exécutif, bien placé pour jeter un regard global sur le profil identitaire de l'entreprise. Ce regard livre rapidement les grands traits de ce que l'entreprise « est » (ses penchants positifs et négatifs) et sur ce qu'elle « veut être » (où elle veut aller dans les trois ou cinq ans à venir). La volonté de tel ou tel avenir indique les valeurs, les traits indiquent les attitudes requises pour réaliser la volonté. Souvent, on confond attitudes et valeurs, mais cela n'a pas d'importance. Ce qui est important, c'est de faire un choix. Choisir, non pas onze principes, mais trois ou cinq. La nécessité de choisir contraint à ne pas se tromper de principes. Ne pas se tromper signifie, en l'occurrence, poser des principes capables d'être compris et mis en œuvre.

À partir de là, aux dirigeants d'impulser une démarche auprès de leurs managers, qui sont leurs relais. La démarche s'organise autour de la question : à partir de votre poste d'observation et de votre expérience, quel sens donnez-vous à chaque principe et quels sont les comportements qui traduisent les principes de l'entreprise au quotidien ? La démarche se précise dans la réponse à une autre question : comment allons-nous nous assurer que nous suivons les principes repensés et adaptés ?

Cela s'appelle fonder ensemble. Les effets d'un tel acte sont bien plus durables que ceux que produit un leader charismatique. L'inconvénient de l'enthousiasme suscité autour d'un leader, c'est que sa dynamique est précaire. Nourrie à l'admiration et non à la fondation, elle flanche dès que l'inspirateur quitte la scène.

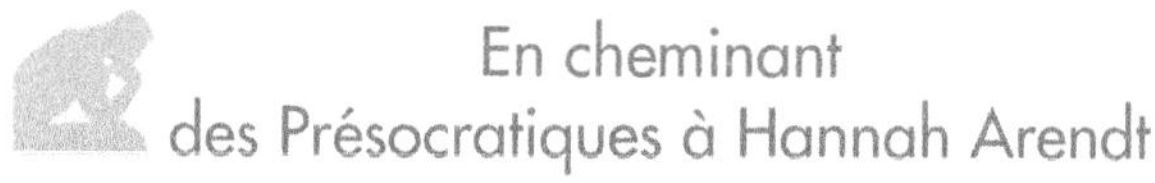

En cheminant des Présocratiques à Hannah Arendt

Les Présocratiques et l'invention philosophique du fondement

Les mythes du monde entier cherchent à fonder l'univers que perçoivent nos sens. Cette recherche vise à calmer une angoisse terrible : sans un soubassement pérenne qui les soutienne, les réalités mouvantes de notre monde risquent de disparaître à tout moment. Que ce premier principe ou fondement soit Gaïa-la-Terre, le disque du Soleil, l'œuf cosmique ou Dieu le Père, qu'il soit immanent ou transcendant, il a toujours la même fonction : garantir la durée indéfinie d'un monde qui ne cesse de nous signaler sa finitude.

Critiques de ces fables imaginaires que sont les mythes, les premiers penseurs de la Grèce se mettent à leur tour à chercher le fondement des choses qui changent et passent. Leur recherche va du visible à l'invisible. Pour eux, le vrai fondement ne doit ressembler à rien de ce que nos sens perçoivent. Pour être vrai, le principe qui fonde le monde doit être d'une autre nature que celui-ci. Il doit être soit immatériel soit d'une matière qui ne s'use jamais. Et il doit être tel, parce que la pérennité du monde dépend de l'éternité de son fondement.

Anaximandre affirme que le fondement de tout ce qui existe est l'« Infini ». Alors que tout ce qui existe dans le monde est soumis à la limite, toujours lié à un lieu et affecté d'une durée, le principe est sans limites, étranger à l'espace et au temps. Nous avons du mal à imaginer ce fondement. Mais cette difficulté de nous représenter l'infini nous informe sur ce qu'est, philosophiquement parlant, un fondement ou un principe. C'est une réalité accessible seulement à notre pensée. La philosophie naît en nous disant que, à côté des réalités que nous percevons ou ressentons, il existe des réalités intelligibles.

Parménide affirme que le fondement de tout ce qui existe est l'« Être »[1]. Alors que tout ce qui existe est soumis au devenir, toujours soumis au mouvement allant de la naissance à la destruction, le principe est immobile, étranger au mouvement inséparable du temps qui use toutes choses. Ce fondement qu'est l'Être est parfait et la perfection se traduit par la forme géométrique la plus complète. L'Être est une sphère immatérielle et immobile, une réalité intelligible, qui porte

1. Le terme d'« Être » est, en philosophie, fondateur et fondamental. Il est fondateur, parce que la philosophie se construit en expliquant le monde visible (le monde des phénomènes) par un principe invisible (que, très tôt, elle nomme Être). Il est fondamental, parce qu'il signifie le fondement de tout ce qui est, ce qui fait que les choses sont, ce qui donne de l'être aux différents êtres. Chaque philosophe définit l'Être à sa façon. Ainsi, pour Platon, l'Être ce sont les *Idées*, pour Spinoza *Dieu ou la Nature* (*cf.* p. 71 et suivantes.), pour Heidegger l'*horizon* des réalités qui composent notre monde. Mais dès qu'un philosophe parle de l'Être, il parle du fondement invisible.

tout ce que nos yeux voient et nos oreilles entendent sans jamais s'y mêler. Le jour et la nuit existent parce qu'il y a l'Être, nous nous mettons en quête de la connaissance, parce que l'Être est.

Empédocle affirme que le fondement de tout ce qui existe est la tension sans fin entre deux principes-valeurs, la Querelle et la Bienveillance. Parce que tout ce qui existe dans l'univers physique et dans le monde des sentiments est tiraillé par des forces contraires, le fondement est ce qui rend possible l'harmonie sur fond de discorde. Le combat éternel entre Querelle et Bienveillance se traduit tantôt par le triomphe de Querelle, qui génère catastrophes naturelles et guerres meurtrières, tantôt par la victoire de Bienveillance, qui fait naître saisons prospères et ententes constructives. Aux êtres humains de choisir leur camp, de combattre pour l'amour et la paix ou d'œuvrer pour la haine et le conflit.

La philo naît d'un étonnement qui conduit à fonder le monde. Philosopher, c'est toujours chercher à fonder. Plus qu'un autre, le philosophe sait qu'il est impossible à l'homme de bâtir sur du sable.

Descartes ou le grand tournant

Imprégnés de philosophie grecque et marqués par la religion chrétienne, les philosophes des seize premiers siècles de notre ère se mettent à penser le fondement de manière hybride. Le fondement de l'univers est un Dieu unique dépouillé de ses traits bibliques. Le Dieu d'Abraham, d'Isaac et de Jacob est débordant de sentiments, fait sans cesse irruption dans l'histoire des hommes et interpelle ceux-ci. Or le Dieu des philosophes est un Être Parfait, omniscient et tout puissant, qui a ordonné le monde une fois pour toutes en imprimant à la nature des lois inaltérables et en dotant la **morale** de règles immuables.

Instruit des connaissances ainsi fondées, René Descartes réagit violemment aux enseignements reçus. Lecteur de Montaigne, il entend bien la remarque : *Vérité en deçà des Pyrénées, erreur au-delà*[1]. Voyageur lui-même, il expérimente la relativité des croyances, mais aussi l'importance, pour le voyageur, de voir les régions et les pays inconnus avec ses propres yeux et non à travers les préjugés de sa

1. Expression de Montaigne, dans les *Essais*, reprise par Pascal, dans les *Pensées*.

culture. Mais si Descartes se plaît tant à la lecture de Montaigne et explore le monde à partir de son propre regard, c'est qu'il est doté d'un esprit spontanément libre.

Un esprit libre ne se subordonne pas à ce qu'on lui dit. Il éprouve le besoin de découvrir les choses par lui-même. Descartes décide d'aller jusqu'au bout de cette liberté. Ce bout est d'abord un début. Descartes se met à douter. Douter, c'est suspendre son jugement. Cette suspension consiste d'abord à cesser de croire à la vérité de ce que l'on avait l'habitude de tenir pour tel. Elle consiste aussitôt après à soumettre à l'examen tout ce que les autres nous présentent comme vrai. Ne plus croire et examiner personnellement répondent à la première règle de la méthode pour la recherche de la connaissance fondée : « *Ne recevoir jamais aucune chose pour vraie, que je ne la connusse évidemment être telle.* »

Descartes commence par mettre en doute tout ce qui lui a été enseigné par ses maîtres, les Jésuites, eux-mêmes en accord avec les professeurs de la Sorbonne. Comment admettre qu'une chose est vraie seulement parce qu'Aristote l'a écrite ou qu'elle est un dogme de l'Église ? Puis, Descartes doute de ses perceptions et sensations. Comment me fier à mes sens quand un bâton plongé dans l'eau m'apparaît brisé alors qu'il ne l'est pas et que j'ai froid en plein été quand j'ai de la fièvre ? Enfin, poussant le doute à bout, c'est-à-dire à l'extrême, Descartes se met à douter des vérités mathématiques. Et si, quand je dis que 2+2 = 4, j'étais abusé par un *malin génie*, un Dieu qui s'amuse à me tromper ? Le doute radical plonge Descartes dans le vertige : et si tout était illusion ?

C'est à ce moment-là qu'émerge un fondement qu'aucun philosophe n'avait perçu jusque-là[1]. Le fondement jaillit du doute lui-même : que je sois dans l'illusion ou dans l'erreur, une chose est certaine que « je » me trompe. Le fait de douter me prouve que, moi, le sujet qui doute, « j'existe ». Ma certitude première et inébranlable est ma

1. Saint Augustin avait eu une première intuition. Pour cet auteur du IIIe siècle de notre ère, la première certitude de l'individu se traduit par le fait qu'il sait qu'il vit : chacun d'entre nous se saisit spontanément en train de vivre et n'a besoin d'aucune autre preuve pour savoir qu'il existe. Mais Descartes est le premier à faire de cette certitude intime, intuitive et individuelle le premier principe de la philosophie, le point de départ de toute démarche de la pensée.

conscience de moi-même existant à travers ma pensée. « *Je pense, je suis* ». Que j'aie froid alors qu'il fait chaud, que je prenne mon rêve pour une réalité, j'existe à travers ce dont j'ai actuellement conscience, mes sensations, mes perceptions, mes émotions, mes désirs, mes sentiments, mes rêves, mes raisonnements, mes volontés... Cette certitude est première, dans la mesure où elle est à la racine de tout ce dont j'ai conscience. Et elle est inébranlable en ce sens où, tant que j'existe, je suis certain d'être moi en train d'exister.

En plaçant le fondement dans la conscience que chacun d'entre nous a de lui-même, Descartes amorce une « *révolution copernicienne* »[1] dans le domaine de la pensée. Avant Descartes, l'assise de ce qui existe était hors de l'homme. À partir de Descartes, l'assise est en l'homme, c'est-à-dire dans chaque individu humain en tant qu'il est un sujet pensant, un être qui a la conscience de lui-même. L'effet de ce déplacement du fondement a mis longtemps pour se faire réellement sentir. Mais, une fois apparu, il fut décisif.

L'effet consiste en ceci. L'homme devient sa propre référence. Il doit tirer son savoir de lui-même et puiser en lui-même ce qui le motive. Or l'homme, comme tout être existant dans ce monde, est marqué par la finitude. L'humanité, apparue à un moment donné dans l'univers, disparaîtra un jour. L'existence de l'individu est de l'ordre du passage. Tout le savoir que l'humanité produira ne suffira jamais pour connaître la réalité dans sa totalité, et les savoirs que l'humanité produit ne sont jamais définitifs. L'individu le plus savant et le plus expérimenté est criblé de lacunes, et la sagesse commence pour chacun d'entre nous par la conscience de ses limites.

La perte des repères que nous constatons ou que nous regrettons pourrait se résumer en quelques mots. À partir du moment où l'homme devient sa seule référence et l'individu son propre fondement, notre ciel n'a plus que des étoiles filantes et le sol se dérobe sous nos pieds. La Déclaration des droits de l'homme affirme des valeurs dont les fondements et le respect dépendent des hommes. Les hommes naissent libres et égaux devant... la loi qu'ils établissent eux-mêmes.

---

1. C'est Kant qui emploie cette expression pour caractériser la rupture qu'introduit sa vision du monde dans le domaine de la pensée. Mais l'expression vaut autant pour Descartes. *Cf.* culture générale, Kant et la révolution copernicienne.

De Jean-Paul Sartre à Hannah Arendt

Dans le sillage de Descartes, les philosophes existentialistes du milieu du XXe siècle placent le fondement dans la liberté individuelle.

Pour Sartre, « *l'homme est ce qu'il se fait* ». Cela veut dire que chacun d'entre nous, en choisissant tel ou te chemin, en réalisant telle ou telle œuvre ou en accomplissant tel acte, crée les valeurs qui correspondent à ce chemin, à cette œuvre, à cet acte. Ainsi, en étant chef d'entreprise privée, je pose que le capitalisme est une valeur. Ainsi, à partir du moment où je mens, je pose que le mensonge est une valeur. Cette individualisation du fondement conduirait à l'immoralisme si Sartre n'associait pas à la liberté le devoir personnel de responsabilité. Libre de faire ce que je veux, je ne peux cependant créer des valeurs respectueuses de l'homme que si, avant de choisir, je me pose la question : *Et si tout le monde en faisait autant ?* La réponse à cette question crée un fondement humain commun : « J'ai la responsabilité de respecter la liberté d'autrui. »

Dépendant du sens de la responsabilité de chacun, le fondement semble incertain. Mais l'est-il davantage que les fondements intelligibles des philosophes, les commandements du Dieu de la Bible et les principes des droits de l'homme ? La production massive de la mort dans les camps d'extermination nazis prouve la fragilité de tous ces fondements.

Hannah Arendt cherche à comprendre ce qui s'est passé là pour éviter que cela se reproduise. Son effort de compréhension coïncide avec une radiographie de la civilisation occidentale moderne. Celle-ci se caractérise, à ses yeux, par deux phénomènes totalement nouveaux : la *bureaucratisation* et l'avènement des *masses*.

La bureaucratisation est la transposition, dans le domaine de la gestion de l'État, de la spécialisation scientifique. Copiant les sciences qui ont progressé en divisant de plus en plus finement la réalité et en démultipliant les spécialistes, les administrations ont cloisonné leurs activités en transformant chacune d'entre elles en fonction confiée à un expert. La masse est le produit de ces nouveaux moyens de communication qui s'introduisent dans chaque foyer et diffusent, sans possibilité de dialogue, les mêmes informations. La masse est cette somme d'individus sans relation les uns avec les autres, hormis le faux lien créé par le fait qu'ils ont la même opinion sur les choses.

Le trait commun entre bureaucratisation et massification est « *l'absence de pensée* ». Chaque bureau étant en charge d'un fragment de la démarche globale, un fonctionnaire, sauf exception, est dans l'impossibilité de penser l'ensemble et, par conséquent, fait sans savoir ce qu'il fait. Chaque individu impacté par la radio ou la télévision a l'illusion de penser alors qu'il ne fait que reproduire une opinion préfabriquée. L'absence de pensée produit la destruction de l'humanité.

Ce qu'Arendt nous signifie c'est que ne pas penser n'est pas l'apanage des idiots et des bourreaux. C'est ce qui peut arriver à chacun d'entre nous, car tous nous travaillons en milieu cloisonné et que nous aimons tous regarder la télé. *Le mal radical* arrive *banalement.*[1] Il est arrivé lors de la Deuxième Guerre mondiale et il peut être en train d'arriver chez nous maintenant...

Par le détour d'Arendt, nous pouvons revenir à la question de la fondation. Ce qui pérennise notre humanité, ce n'est pas la référence à un fondement absolu, mais la référence réfléchie à des valeurs communes. La référence réfléchie suppose que chacun d'entre nous exerce son jugement. Les valeurs communes supposent que nous réfléchissions infatigablement ensemble pour produire un *sens commun.*

La philo pratique

Fonder s'inscrit à rebours du courant actuel où tout passe en s'effaçant. Fonder ensemble exige un effort dans une civilisation marquée par l'individualisme. Cet effort mérite d'être fourni. Car la reconnaissance partagée de repères communs est un moyen de poser sans peser et de se relier

1. Ce point de vue est développé et illustré dans le livre de Hannah Arendt, *Eichmann à Jérusalem.*

sans s'asservir mutuellement. Plus radicalement, la reconnaissance partagée de repères communs est l'une des conditions de la liberté pour les personnes et de la pérennité pour les sociétés.

L'entreprise fournit un terrain favorable à la fondation pour celui qui sait y prêter attention. Pour des raisons intéressées, l'entreprise a besoin de mobiliser ses collaborateurs. Or toute mobilisation collective passe par les motivations des personnes. Pour des raisons intéressées, l'entreprise a besoin de créer des synergies. Or toute coopération efficace passe par des relations de respect mutuel. Pour des raisons intéressées, l'entreprise vise sa pérennité. Or la pérennité d'une entreprise dépend autant de la pertinence de sa stratégie que de la force de ses valeurs. Et la force des valeurs a toujours dépendu des individus et des groupes prêts à les incarner en comportements et en actes.

Pour aider les dirigeants, et leurs relais les managers, à travailler aux fondations, le « point philo » doit, cette fois-ci, s'introduire dans le comité de direction en lui imposant un séminaire de réflexion.

Si l'entreprise a déjà nommé ses fondamentaux, la réflexion rencontrera les questions suivantes :

- *Le sens de chaque fondamental est-il clair pour chacun d'entre nous ? Cette question conduit à la confrontation des représentations et invite à l'élaboration de définitions partagées ;*
- *Les fondamentaux sont-ils complémentaires les uns des autres ? Cette question renvoie à la cohérence des principes et conduit à composer un vrai socle, en laissant de côté ambiguïtés et fausses notes ;*
- *Comment ce socle de fondamentaux se situe-t-il par rapport à la stratégie de l'entreprise ? Cette question est celle des moyens et des fins et conduit à inscrire les principes*

dans le cadre des finalités contraignantes que l'entreprise s'est fixées[1].

Si l'entreprise n'a pas encore nommé ses fondamentaux, la réflexion passera par les questions suivantes :

- *De quelles qualités et attitudes avons-nous besoin pour aller là où nous voulons ? De courage, d'ambition, d'anticipation, d'imagination... ? Cette question conduit à faire la liste des principes que chaque dirigeant estime fondamentaux ;*
- *Quels sont les fondamentaux que nous allons retenir pour en faire le socle de notre entreprise ? Cette question conduit à faire un choix en appliquant les critères de la clarté et de la cohérence d'une part, de l'efficacité et de l'inscription stratégique d'autre part.*

Les fondamentaux une fois clairement posés, la responsabilité du manager est de les décliner, avec ses collaborateurs, en les adaptant avec eux à la culture de l'équipe. La culture est la manière de se représenter et de vivre sécrétée par les différences de métiers, de fonctions, de régions, de pays, de continents. Travailler avec son équipe sur les fondamentaux est, pour le manager, un moyen formidable pour s'instruire des différences et transformer celles-ci en synergies.

1. Un exemple : beaucoup d'entreprises affirment le « respect » sans préciser que celui-ci est subordonné aux engagements impliqués par le contrat de travail et que le respect d'autrui en entreprise peut s'exprimer par une réprimande ou une séparation.

Chapitre 10

Être créatifs

Ne pas créer ou créer tous azimuts

Notre attitude actuelle à l'égard de l'acte de créer est marquée par une ambivalence qui nous pousse vers deux pôles extrêmes : le pôle de la radicalisation et le pôle de la banalisation.

Le pôle radical s'exprime par l'habitude de donner au verbe créer un sens fort, qui réserve la création à quelques rares élus. Nous sommes nombreux à admettre sans trop de chagrin le fait de ne pas être créateurs. Et nous l'admettons d'autant mieux que nous mettons sur la balance d'autres talents plus utiles pour la vie. Nous sommes pragmatiques, organisés, curieux, rêveurs, imaginatifs. La création est pour les génies.

Cette tendance à nous situer hors de la faculté créatrice nous vient des sources juives de notre culture. La Genèse fournit notre modèle implicite de la création. Ce modèle dit que créer, c'est faire exister une réalité absolument nouvelle à partir de rien, ce rien étant la confusion, le magma dans lequel on ne peut distinguer aucune forme. Il dit aussi que créer, c'est générer une œuvre, une réalité unique, complète et complexe. Il dit enfin que créer est un acte qui ne vise pas l'utile, mais la beauté ou le sens, le sens dans la beauté. Dans la tradition biblique, Dieu seul est Créateur, puisqu'il fait émerger progressivement notre univers en le tirant du chaos, en prenant le risque de créer un être à son image, seule créature capable de compléter l'œuvre divine mais aussi de détruire gratuitement les choses créées.

En somme, nous acceptons de ne pas être Dieu. Aussi nous reconnaissons le pouvoir créateur à ces rares individus qui, à l'image de Dieu, font imprévisiblement surgir une forme nouvelle, visible de tous. Et nous qualifions ces individus d'« artistes » en les distinguant bien des artisans. Un potier, aussi original soit-il, produit de beaux vases à partir d'un modèle dont la forme est déterminée par la fonction de l'objet à réaliser. Mais un Michel-Ange peint, sur le plafond de la chapelle Sixtine, un tableau de la création du monde tel que personne d'autre que lui n'aurait pu l'imaginer et le réaliser. Aux yeux d'un bon nombre d'entre nous, créer, c'est introduire une rupture entre l'avant et l'après de l'œuvre.

Une position extrême attire, tôt ou tard, l'attitude qui lui est contraire. Celle-ci s'exprime par l'affirmation que tous les hommes sont créateurs. La théorie de l'égalité naturelle des hommes, associée à une impossibilité réelle de définir les critères de l'unique et des indicateurs de la rupture, est à la source du courant qui appelle création toute production gratuite, sans finalité utile. Ce courant s'enlise vite dans l'impasse de l'équivalence. En l'absence de critères, tous les créateurs se valent et leurs créations perdent, du coup, tout intérêt. Créer, dans ces conditions, rejoint son opposé, ne pas créer.

La banalisation de l'acte de créer se profile, paradoxalement, sur le même fond culturel que sa divinisation. Celle-ci accorde à une élite le privilège de faire émerger du tout neuf. Celle-là accorde à tous les enfants de Dieu le don de créer à son image…

La créativité et ses ennemis

Du verbe « créer » émanent plusieurs substantifs, dont celui de la créativité. Celle-ci recouvre une faculté à la fois moins radicale et plus ouverte que la capacité créatrice, qui caractérise le créateur, qu'il soit artiste ou dieu. La créativité met, en effet, l'accent sur l'aptitude et non sur le résultat. Cette accentuation différente la détache de l'œuvre pour la relier à l'intelligence.

L'intelligence[1] est la capacité de faire les liens. Pour nos frères les animaux dotés d'un système cérébral, les liens que l'intelligence établit concernent les choses situées dans l'espace. Un chat peut être capable de pousser la porte pour aller dans la cour parce que son intelligence a perçu un ensemble constitué par une chose mobile qui permet le passage. Pour nous, dotés d'un cerveau hypercomplexe qui nous projette dans ce qui fut et dans ce qui n'est pas encore, l'intelligence établit aussi des liens dans le temps. La situation présente mobilise ceux parmi nos souvenirs qui sont utiles pour la traiter. Ce que nous appelons **expérience** vient des relations que nous avons su établir entre ce qui s'est passé. La situation pousse également notre intelligence à concevoir des liens possibles dans l'avenir. Ce que nous appelons **anticipation** vient des relations que nous établissons entre les choses que nous connaissons et ce qui pourrait se passer.

Notre intelligence suppose la faculté d'avoir dans l'esprit les images des choses qui composent la réalité. C'est grâce à ces représentations mentales que nous pouvons dépasser l'immédiat et établir des ponts entre ce qui fut, ce qui est et ce qui n'est pas encore. C'est grâce à notre imagination que nous pouvons sortir du cadre dans lequel nous enferment notre perception du présent, notre difficulté du moment, notre attention à l'événement en train de se produire. L'imagination est intimement liée à l'intelligence. L'une apporte les images, l'autre imprime l'élan pour combiner ingénieusement ces images. Ensemble, elles nous donnent des ailes.

La créativité est, justement, la capacité humaine de voir ce que les yeux du corps ne voient pas, de découvrir des

1. La racine latine de l'intelligence est *inter-legere*, ce qui veut dire lier ensemble.

pistes que la situation réelle ne montre pas, d'improviser des clés pour ouvrir et des tours pour dénouer. La capacité de s'adapter qui nous est propre relève de la créativité. S'adapter, c'est déployer l'aptitude qui permet de répondre astucieusement à la sollicitation ou à la contrainte de la réalité extérieure. S'adapter, c'est inventer le comportement optimal, l'action ingénieuse. La créativité, qui est inventivité pour survivre, vivre et mieux vivre, est le propre de l'intelligence humaine.

Cette capacité est mise en difficulté par les effets d'une réalité humainement nécessaire : l'organisation. L'organisation est la structuration rationnelle d'un domaine de la réalité en vue de la facilitation des actions qui sont censées s'y dérouler. Cette structuration concerne à la fois l'espace et le temps. L'organisation de la production dans une usine comporte plannings et timings sur fond de hiérarchisation des rapports de travail. L'organisation du quotidien implique rangements et emplois du temps sur fond de répartition des rôles.

Toute organisation vise à protéger les hommes d'eux-mêmes. Livrés à leur peur des imprévus d'un avenir incertain, les individus seraient incapables de supporter de vivre. Livrés à leurs passions, à leurs égoïsmes, à leurs faiblesses individuelles, les individus seraient incapables de coopérer pour survivre et mieux vivre. En structurant notre espace et notre rapport au temps, l'organisation met de l'ordre dans nos relations réciproques. Cet ordre nous procure de la sécurité et du sentiment de sécurité.

Mais en imposant un cadre, toute organisation induit des habitudes. Plannings et timings conditionnent notre comportement. Et ce conditionnement, en nous plaçant sur des rails, engourdit notre créativité. La routine est ce qui, à notre insu, nous empêche de changer de route. C'est-à-dire de voir autre chose, de voir autrement, d'exercer notre intelligence imaginative.

En ce milieu particulièrement et diversement organisé qu'est l'entreprise, on finit par croire que la créativité dépend de techniques que les consultants sont à même de livrer. Aussi, dirigeants et managers programment-ils de temps en temps une séance de *brainstorming*. Programmée, la créativité s'enfuit au fond de chacun pour laisser apparaître sa caricature, la libre association des idées dans un espace-temps bien borné.

Redevenir créatifs

La créativité ne se pratique pas, elle se redécouvre, se reconquiert et peut se développer. Elle concerne tous les domaines de la vie humaine. En entreprise, elle peut émerger et s'exercer partout, dans tous les services et dans n'importe quelle situation professionnelle.

Un manager qui veut encourager la créativité commence par distinguer entre l'ordre nécessaire et l'ordre superflu. L'ordre nécessaire protège du chaos : il est impossible de travailler, seul ou avec d'autres, hors d'un cadre clairement défini et sans un fil conducteur. L'ordre superflu transforme les hommes en robots : et la robotisation couve deux grands périls, la momification et l'explosion.

Bertrand, directeur financier sur le site français de production d'un grand groupe industriel américain, se voit confier aussi la direction de l'équipe locale d'informatique. Il s'aperçoit très vite que, malgré les bonnes relations qu'entretiennent entre eux et avec lui ses collaborateurs, ceux-ci sont dans une situation de malaise croissant mais incernable. Mathématicien de formation initiale, Bertrand se met à émettre des hypothèses pour comprendre. Le fait que les informaticiens sont amenés à appliquer des systèmes sur lesquels ils n'ont pas de pouvoir de décision lui semble constituer l'hypothèse d'explication la plus probable.

Par expérience, Bertrand, sait que dans le domaine des affaires humaines, la connaissance de la cause ne délivre pas de remède. Aussi se garde-t-il bien de communiquer sa pensée et cherche un autre biais. Comme l'équipe dont il a hérité est disciplinée et que lui-même manage en organisant optimalement ses réunions, il choisit de proposer une série de réunions d'un autre style. Il fait une première réunion, sans objet prédéfini, avec ses deux collaborateurs, Jacques et Patricia, dans la salle d'une entreprise voisine. Surprise et heureuse de la démarche, l'entreprise les accueille chaleureusement. Lors de la réunion, Bertrand annonce que l'objet de la réunion est de choisir un lieu agréable pour le traditionnel séminaire de fin d'année. Surpris, les collaborateurs échangent sur leurs expériences hôtelières et culinaires. Puis, vient la question de l'objet et de l'ordre du jour du séminaire. Bertrand invite alors ses collaborateurs à faire eux-mêmes le choix.

La question du malaise diffus de leurs collaborateurs arrive aussitôt. Lors d'un échange sur les causes, les mots « **autonomie** », « **initiative** », « **liberté** » reviennent constamment. Bertrand propose : « Et si nous laissions de côté nos cahiers de charges pour parler de notre sentiment par rapport à la liberté, à l'initiative, à l'autonomie ? » La proposition est acceptée non sans réticences. L'argument qui fait fondre les résistances est le suivant : « Malaise pour malaise, un peu plus un peu moins, où est le risque ? »

La consigne est de venir sans ordinateur portable, avec des cahiers d'écoliers. Cette donnée confère à ce séminaire la couleur d'une excursion plutôt que d'une séance de travail. Et cette excursion a lieu sans intervenant extérieur, ce qui fait que chacun est responsable de la qualité du déroulement. Le malaise n'est guère évoqué, le thème de la liberté non plus. Là, Bertrand a préalablement souscrit à l'idée de ses deux collaborateurs. « Liberté pour liberté, prenons la chose par son contraire. Le profil binaire de l'informaticien finira bien par aller à l'opposé ! » Jacques et Patricia annoncent à l'équipe avoir choisi le thème de la « contrainte ». Quelles sont nos contraintes ? Quel est notre seuil de tolérance par rapport à ces contraintes ?

De façon pas du tout binaire, de manière nuancée, tous passent au crible ce qui entrave leurs mouvements. L'examen libre des écueils amène spontanément et au fur et à mesure des astuces pour réduire, contourner ou supprimer les contraintes sur lesquelles ils peuvent agir. Et, soudain, imprévisiblement, tout ce foisonnement créateur tombe sur le vif du sujet. La pression la plus forte vient de la virtualisation croissante des équipes informatiques. La séparation entre le lieu géographique de la décision et les lieux géographiques de l'application fait que l'on ne rencontre pas les collègues avec lesquels on travaille et que l'on se trouve fonctionnellement rattaché à des décideurs invisibles[1].

Voici la créativité imprévisiblement mais fortement mobilisée pour inventer une adaptation astucieuse à un monde où les relations humaines sont amenées à devenir de plus en plus virtuelles. La joie procurée par le constat de la créativité insoupçonnée dont tous et chacun étaient capables a soigné une bonne part du malaise. À partir de là, l'enjeu de chacun et de tous était d'entretenir cette capacité au quotidien.

Être créatifs

Une société planifiée comme la nôtre véhicule des préjugés particuliers. Le préjugé selon lequel la sécurité des personnes et des biens dépend de prestations comme l'ordre policier en est un. Le préjugé selon lequel la santé du corps dépend d'actes préventifs comme l'organisation du dépis-

1. La vidéoconférence, pratiquée à d'autres niveaux et endroits de cette entreprise, n'avait pas fait son entrée en informatique. Mais, de toute façon, la communication par vidéoconférence modifie profondément les données de l'échange.

tage des maladies connues en est un autre. Certes, la surveillance policière est incontournable pour le maintien de l'ordre, et la prévention indispensable pour rester en bonne santé. Mais ni l'une ni l'autre ne sauraient nous prémunir contre le tragique de l'existence, qui place l'agresseur là où personne ne pouvait l'attendre et frappe au cœur celui qui sort d'un examen cardiologique complet. Et ces deux préjugés nous font oublier ou sous-estimer nos antidotes contre le tragique que sont la chance et la sagesse.

C'est la force de ce genre de préjugés qui enlise la créativité dont nous avons, pourtant, fait la vive expérience. Le retour au quotidien est toujours un retour à nos peurs existentielles et aux systèmes de défense mis en place par la société, en prise directe avec notre subconscient. Nous craignons tous viscéralement l'agression, autant celle qui vient du dehors – l'accident destructeur – que celle qui vient du dedans – la maladie mortelle. Et nous nous précipitons aveuglément dans tout ce qui nous divertit de nos peurs – la planification qui donne l'illusion d'un contrôle sur l'avenir et la routine qui donne le confort de l'itinéraire connu.

La créativité nous avait fait dévier de notre route, elle avait réveillé notre réceptivité aux stimulations extérieures, relâché la censure exercée sur nos émotions, baissé les barrières dressées entre les autres et nous. En faisant tout cela, la créativité nous avait resitués dans la vie. Mais, pendant que nous produisions imprévisiblement du nouveau, notre aventure, à notre insu, nous rappelait le risque inhérent au fait même de vivre. Et, dans une civilisation qui répond à tout par de la gestion, il est difficile d'envisager de façon créative ce rappel.

Un manager qui veut entretenir la créativité, la sienne et celle de ses collaborateurs, devrait ouvrir dans son esprit un espace où il n'est plus manager. Ainsi, serait-il animé de deux sortes d'attention. Une attention centrée sur les exigences du travail à réaliser et sur toutes les conditions humaines de la réalisation de ce travail. Une attention errante, nourrie aux plaisirs offerts par les activités plaisantes et inutiles et apte, pour cela même, à détecter l'extraordinaire dans l'ordinaire. L'aptitude d'être à deux endroits à la fois et d'avoir simultanément deux regards est le propre de celui qui ne se prend pas pour le centre du monde. Et celui qui ne se prend pas pour le centre du monde apprend que le centre du monde est partout et sa circonférence nulle part[1].

Un manager créatif qui rend ses collaborateurs créatifs considère l'entreprise en même temps comme un lieu de contrainte et comme un lieu de vie. Un lieu de vie est un lieu qui laisse la porte ouverte sur les innombrables dehors qui composent le monde. Un lieu de vie est un lieu où souffle et respire l'esprit.

Être créatif, c'est ne pas confiner la créativité à quelques moments exceptionnels, mais lui confier sérieusement la tâche d'affronter l'imprévu de la vie par l'imprévu de l'esprit.

En cheminant avec les penseurs de la vie

Montaigne ou penser sa vie en se créant soi-même

Montaigne assigne à la pensée une tâche jusque-là inédite, celle de se mettre à « *l'école de la vie* ». Comme la vie n'est pas une idée abstraite mais le fait, pour un individu, d'être vivant, penser la vie revient à penser sa propre vie. Penser sa vie, c'est se penser soi-

1. L'expression est de Pascal, dans les *Pensées*.

même changeant dans un monde sans cesse ébranlé par les changements, un monde qui est, à proprement parler, une « *branloire pérenne* ».

La tâche de penser la vie en pensant soi-même en train de vivre constitue la matière des *Essais*, ouvrage unique en son genre. « *Je suis moi-même la matière de mon livre.* » Montaigne s'introspecte, inspecte ses lectures et ses expériences, non pas par nombrilisme, mais pour apprendre. Apprendre la foisonnante variété du monde en mouvement, apprendre cet être « *ondoyant et divers* » qu'est l'homme, apprendre cette réalité merveilleuse et éphémère qu'est la vie – « *apprendre à vivre* ».

Apprendre à vivre relève de la créativité propre à chaque esprit. Ce qui se traduit par une attitude à multiples volets, déployés comme les facettes d'un éventail multicolore. Accueillir toujours le nouveau en « *ayant les yeux partout* » et la tête disponible. Agir *à propos* en inventant à chaque fois le comportement qui s'approprie astucieusement la circonstance. Accepter que la vie soit, comme l'harmonie du monde, composée de choses contraires, en supportant ce que nous ne pouvons éviter et en combattant pour esquiver ce nous pouvons éviter. Exercer son métier sans jamais confondre son *être* avec son *rôle*, en se situant toujours dans l'être pour jouer ou juger du paraître. « *Passer le temps* » qui passe en répondant à sa fuite rapide par la promptitude de sa saisie, le faire passer vite quand il est incommode, le faire passer lentement en le goûtant intensément quand il est bon. Apprivoiser la mort en l'attendant partout, et en sachant que, pour l'affronter, la vie « *nous prête la main et nous donne courage* ».

En somme, apprendre à vivre consiste à se créer soi-même au fur et à mesure jusqu'à la mort, elle-même préparée le long de cette patiente et infatigable création. Cette création continuée d'une œuvre éphémère suppose un esprit libre. Une *tête pleine* de savoirs ne peut ni recevoir ni improviser. Un comportement verrouillé par conformité aux conventions sociales ne peut ni s'adapter ni avancer. Une conscience habitée par la peur de la mort ne peut pas vivre, puisque vivre, c'est risquer la mort à tout moment.

Malencontreusement, l'instruction officielle des enfants et le contrôle institué sur les conduites par la société font tout pour asservir l'esprit et bloquer la créativité. Montaigne est le premier à fustiger la pédanterie caractéristique autant des professeurs, qui remplissent la mémoire au lieu d'aiguiser le discernement, que des grands de ce monde, qui construisent le piège des apparences dans lequel ils tombent et font tomber.

Malgré les apparences, cela n'a pas beaucoup changé depuis l'époque de Montaigne. Si nous sous-traitons la mémorisation grâce à nos supports électroniques, nous n'avons pas la tête *bien faite* pour autant. Si le discours ambiant encense l'esprit d'initiative et d'innovation, les suiveurs continuent de l'emporter fortement sur les créatifs. Si dans nos sociétés la durée de la vie physique s'allonge pendant que la chirurgie esthétique combat les signes de l'âge, nous redoutons plus que jamais la vieillesse et la mort.

En nous appelant à créer notre vie en l'apprenant, Montaigne fait appel à la créativité inhérente à l'esprit de chacun d'entre nous.

Bergson et l'évolution créatrice de la vie

Bergson fait de la créativité la caractéristique même de la vie. À ses yeux, la vie est un élan qui traverse la matière brute, la forçant à produire des centres d'énergie de plus en plus organisés, de plus en plus autonomes par rapport à leur environnement. L'*élan vital* est un *effort* qui, de façon à la fois progressive, discontinue et divergente crée des formes de vie différentes. Progressive, car les formes qui émergent sont de plus en plus complexes. Discontinue, parce que la vie a des poussées et des arrêts. Divergente, car les formes des vivants suivent des chemins distincts, le chemin végétal et le chemin animal, par exemple.

L'« *évolution créatrice de la vie* » consiste en cela même. Du vivant unicellulaire au vivant pensant que nous sommes, la vie a cheminé en tâtonnant, en faisant des bonds et des pauses, mais en produisant toujours des réalités de plus en plus autonomes et complexes. Ce cheminement est un effort pour obtenir toujours davantage de liberté en surmontant les puissantes résistances au changement que la matière oppose à la vie.

La vie est créatrice. Envisagée dans ses réalisations, la vie est prodigieusement inventive. Il suffit de voir un oiseau voler pour s'en apercevoir. La forme de l'aile est parfaitement adaptée à sa fonction, qui consiste à utiliser les lois physiques de la pesanteur pour s'en libérer.

Envisagée dans son évolution, la vie n'a jamais cessé de résoudre les problèmes posés par l'environnement en inventant et en mettant à l'essai des nouveaux organes, de nouvelles fonctions, de nouvelles espèces. Ainsi, sa dernière mais non définitive réalisation, le vivant humain, se situe là où la capacité de liberté est la plus forte.

De l'*acte libre*, Bergson donne une description originale. Celui-ci n'est pas, comme nos schémas occidentaux nous ont habitués à le croire, le fruit d'une volonté qui atteint les buts que la raison lui fixe. L'acte libre advient dès que notre *moi* se détourne des objectifs que la société inculque à notre raison pour se laisser porter par son être propre. Cet être est une réalité absolument unique qui se transforme au fur et à mesure qu'elle vit. À la moindre émotion, à l'événement en apparence le plus insignifiant, notre moi se recompose, et cette recomposition coïncide avec « *la ligne onduleuse et serpentine* » de notre individualité singulière. L'acte libre est l'acte qui « *émane de notre personnalité tout entière* ». Expression de l'évolution créatrice de la vie à l'œuvre au fond de nous-même, l'acte libre est lui-même créatif. Porté par sa vibration intime, notre moi devient imprévisiblement apte à improviser pour accueillir, traiter, enrichir, les imprévus qui lui viennent de l'environnement.

Bergson nous appelle à donner notre confiance à la vie. Pour cela, nous avons à ne pas nous méprendre sur le rôle de la raison. La raison sait traiter ce qui se déploie dans l'espace. Elle établit les règles sociales qui, délimitant le champ d'action de chacun, rendent possible la coexistence des individus. Elle fait construire des bâtiments habitables, met de l'ordre dans nos affaires matérielles en gérant la production et en organisant nos bureaux. La raison est très efficace pour traiter le spatial et le mécanique. Mais la raison est inapte à traiter la vie, qui évolue dans le temps en tissant elle-même son étoffe.

La vie ne se traite pas, elle se vit. Vivre, pour un être conscient, consiste à se créer indéfiniment soi-même en entraînant les autres dans ce mouvement de créativité continuée.

Le chemin qui se fait en marchant

Pour décrire la manière dont procède l'évolution, le biologiste François Jacob oppose l'ingénieur au bricoleur.

L'ingénieur étudie une situation en en analysant les données et en formulant le problème que sa réalisation doit résoudre. À partir du problème énoncé, il conçoit un plan dans lequel il prévoit les étapes de la réalisation et prévient les écueils qui pourraient y faire obstacle. Comme tous les ingénieurs suivent la même démarche, ils aboutissent dans la plupart des cas à la même solution : ainsi toutes les voitures se ressemblent.

Le bricoleur, n'ayant qu'une vague idée de ce qu'il désire produire, profite de tout ce qu'il trouve autour de lui pour en faire quelque chose. Il essaie ceci, puis cela, utilise du vieux pour faire du neuf, retouche, ajuste, transforme au fur et à mesure. Cette démarche tâtonnante, où l'improvisation joue le rôle décisif, fait qu'à chaque bricoleur son ouvrage : la diversité est fille du *bricolage*.

À l'instar du bricoleur, l'évolution ne prévoit pas. Elle utilise ce qui existe déjà pour permettre à un être vivant de survivre en s'adaptant à une modification survenue dans l'environnement. Ce que nous appelons poumon a commencé à se développer chez certains poissons d'eau douce, qui avaient besoin de stocker de l'oxygène. Des diverticules se formèrent d'abord dans leur œsophage, pour réaliser ce stockage. C'est plus tard, et sous la pression des circonstances, qu'émergea le poumon comme organe indépendant. Et c'est pour répondre à des conditions extérieures que l'évolution produisit le poumon des mammifères.

L'évolution veut continuer d'être. L'expérience que la diversité est la meilleure parade contre les menaces croissantes de l'environnement porte l'évolution à bricoler des formes et des fonctions multiples et variées. La reproduction sexuée, en faisant exister un individu à l'ADN différente de ses géniteurs, démultiplie la variété des êtres d'une même espèce. En bricolant le vivant humain, l'être le plus exposé à l'erreur et à l'errance, l'évolution le dote de l'aptitude à apprendre. Programmé pour apprendre, l'homme renforce la diversité génétique par la diversité culturelle. Apprendre est l'aptitude bricoleuse du cerveau humain, qui crée son avenir en saisissant les occasions pour aller de l'avant.

Edgar Morin nous rappelle que *l'erreur est humaine* en ce sens qu'elle advient avec le système cérébral qui caractérise notre espèce. Nous naissons inachevés, non programmés pour assurer notre survie, avec un cerveau hypercomplexe qui chemine par essais et erreurs. Nous naissons prématurés, incapables de survivre sans un environnement humain qui nous initie aux actes de notre survie et nous apprenne à apprendre. L'incertitude est inscrite dans notre nature, laquelle se trouve embarquée dans un monde lui-même incertain.

Cet « *inachèvement initial* », cette « *prématuration congénitale* » sont le terreau de notre créativité. Raisonnables et fous, rationnels et rêveurs, nous faisons notre chemin en marchant. Et ce faire est conjointement la capacité de supporter l'incertitude et l'aptitude à improviser astucieusement. Parce que rien n'est prédéterminé, le champ des possibles est, pour nous, grand ouvert. Parce que tout est nécessaire, nous avons à recréer le vécu en le transformant en expérience. Parce que rien n'est définitif, chacun de nous est à tout moment à l'aube d'un nouveau commencement.

Le biologiste et l'anthropologue nous renvoient à une donnée fondamentale. La créativité est inscrite dans notre nature par l'évolution de la vie dont nous sommes, pour l'instant, la réalisation la plus complexe et la plus fragile.

La philo pratique

Ceux qui, à l'heure actuelle, parlent d'« entreprise apprenante », voire « auto-apprenante », sont-ils suffisamment conscients des origines, conditions et implications du fait d'apprendre ? Et ont-ils pesé les difficultés que soulève le fait de comparer l'entreprise à une organisation vivante consciente ? Quoi qu'il en soit, le manager se trouve dans la même situation que le pédagogue. Il ne peut transmettre des consignes sans susciter la motivation, il ne peut inciter ses collaborateurs à apprendre sans éveiller en eux le goût pour le nouveau. Pour cela, le manager, comme le pédagogue, est obligé d'activer sa créativité. En le tirant hors des chemins battus et des schémas rabattus, la créativité est la seule faculté apte à maintenir en éveil l'intérêt d'une équipe tout en adaptant les stimulations à la sensibilité propre à chaque collaborateur. Car la motivation est le moteur intime de l'individu. Car le manager a affaire autant à un collectif qu'à une diversité de profils humains.

La créativité se laisse brider et ne renaît pas sur commande. Elle se laisse brider parce que les conditionnements sociaux utilisent nos peurs pour s'incruster dans nos subconscients. « Sois conforme ! » est l'impératif central de toute société qui obtient l'ordre par la normalisation. « Sois conforme pour ne pas te mettre en danger ! » est la menace implicite qui justifie cet impératif. Si nous regardons de près, l'éducation que nous avons reçue fut, sauf exception, un dressage. Nous avons été élevés pour ne pas dévier, pour ne pas faire de vagues. La créativité ne renaît pas sur commande, car elle ne dépend pas des instances ordonnatrices que sont notre raison et notre volonté. Notre raison met de l'ordre, notre volonté donne des ordres. La créativité, elle, va comme la vie qui chemine en improvisant. Et elle est mise à mal et fort mal à l'aise quand elle voit se profiler devant elle des « ateliers de créativité ». « Soyez créatifs » est une ***injonction paradoxale*** *qui crispe les énergies au lieu de les libérer.*[1]

Pour la créativité, le « point philo » est appel à l'indiscipline. « Souviens-toi que tu es vivant ! », *dit-il au manager*[2] *:*

- *Vivre, c'est transformer à tout instant la dégradation irréversible (*entropie*) de la matière physique en source d'énergie biologique (*néguentropie*) ;*
- *Vivre, c'est transformer à tout moment le risque de mort en chance pour repartir ;*

1. « Activer notre cerveau droit ! » et une autre injonction contradictoire puisqu'elle pratique la dichotomie entre affectivité et rationnalité, alors que notre cerveau est un tout indivisible.
2. Edgar Morin, *La vie de la vie*.

- *Parce qu'elle meurt sans cesse, la vie est renaissance permanente ;*
- *Pour vivre, un individu a besoin d'échanger en permanence avec son environnement, dont l'évolution est pleine d'imprévus ;*
- *La stratégie propre au vivant, c'est de transformer l'aléa en occasion, l'imprévu en atout, le péril en problème à résoudre ;*
- *Pour vivre, un être humain a besoin de sortir de son isolement en tissant des liens de solidarité avec ses semblables ;*
- *Le tissage de la solidarité est production d'une étoffe bariolée et souple, jamais achevée, toujours prête à être déchirée, sans cesse à raccommoder et à ajuster, à reprendre ici, à continuer ou à refaire ailleurs.*

Un regard qui plonge profond s'aperçoit que la créativité est la réponse de l'être humain à la tragédie de l'existence. Suspendues à un fil, profilées sur fond de mort inéluctable, nos vies nous obligent à inventer tours et détours. Ainsi nous combattons la pulsion de mort, *engrammée en nous et fortement alimentée dans nos sociétés, par la* pulsion de vie[1], *cet élan vers le renouvellement permanent, que notre raison et notre civilisation rationaliste redoutent, mais dont elles ont besoin l'une et l'autre pour continuer d'exister.*

1. Ces deux concepts sont de Sigmund Freud, qui cherche à décrire la dynamique de l'inconscient, cette couche de notre psychisme ignorée par notre conscience. L'inconscient est porté par deux tendances antagonistes : la *pulsion de vie*, appelée *éros* et la *pulsion de mort*, appelée *thanatos*. La pulsion de vie est mouvement en avant, renouvellement, désir de vivre sans égard aux périls. Notre goût de l'aventure prend source dans notre pulsion de vie. La pulsion de mort est résistance au changement, compulsion à la répétition, peur d'affronter les risques inhérents au fait même de vivre. Notre attachement aux habitudes prend source dans notre pulsion de mort.

Chapitre 11

Être pour paraître

Seulement paraître

Avant d'orienter notre attention vers ce que nos sens physiques ne captent pas, nous voyons, entendons, touchons et humons. Cette perception première est imprégnée de la croyance en la **réalité** des choses qu'elle appréhende, et cette croyance est accompagnée d'un sentiment de **vérité**. La preuve en est la tournure objective des formules que nous utilisons pour exprimer nos perceptions et nos ressentis. « Il fait froid », « elle boude » présupposent que le sujet qui perçoit est le critère de ce qu'il perçoit. En somme, chacun d'entre nous se prend spontanément pour le centre du monde. Et cela est normal. Nous n'avons pas d'autre point de vue sur le monde que celui que notre corps nous donne.

Seulement, ce point de vue est pétri des signes qui organisent la société dans laquelle nous vivons. Les individus qui prennent soin de nous dès notre naissance sont habillés d'une certaine façon et leur façon de s'habiller signale leur appartenance à un milieu, à un métier, à une communauté religieuse, etc. Les comportements et les actions que nous percevons sont réglementés par des coutumes particulières permettant à ceux qui les pratiquent de reconnaître leur appartenance au même groupe. Notre croyance en la « réalité vraie » des choses est ainsi d'emblée et irréductiblement chargée de codes sociaux. Notre adhésion spontanée aux apparences convenues est vitale. Dans l'hypothèse absurde où chaque individu en ferait à sa tête, il n'y aurait pas de société du tout.

Pour pouvoir être, toute société humaine est contrainte à organiser le paraître de ses membres. Pour pouvoir faire partie de la société, c'est-à-dire pour être reconnu par les autres comme appartenant à leur groupe, tout individu est contraint à paraître de façon aisément décodable par les autres. Le paraître est une **nécessité**.

La prise de conscience de la nécessité de paraître, jointe à la croyance que ce que nous percevons est la vraie réalité, suscite en nous certaines tendances. L'individu commence par situer l'intimité de son sujet à un autre endroit que celui du paraître, à séparer ce qu'il « est » de ce qu'il « paraît ». Puis, chacun chemine dans les possibles que cette séparation ouvre. Un sujet conscient peut se révolter contre la tyrannie du paraître et revendiquer son authenticité en manifestant cette révolte. Il peut aussi profiter de sa conscience pour jouer de son paraître dans le sens attendu par la société. Il peut utiliser son paraître pour tromper, pour séduire, pour se faire remarquer, etc. De toute façon, quelle que soit la voie empruntée, elle n'échappe pas au paraître. Je suis obligé de montrer ma volonté d'indépendance, donc de la faire paraître. Je ne peux tromper, séduire, attirer l'attention qu'en construisant un montage qui se voit, donc en paraissant.

La situation est à la fois claire et opaque. Il est clair que personne ne peut être transparent.

Un monde fait d'apparences

L'apparence désigne l'aspect[1] de ce que nous voyons d'un fait, d'une personne, d'une chose. Tout ce que nous côtoyons apparaît à nos yeux. Si les physiciens appellent

1. Le terme est de même racine que spectacle.

phénomènes[1] les faits naturels comme le tourbillon ou la chute des objets, c'est parce que les faits apparaissent à nos yeux et aux instruments qui étendent ou affinent notre vue.

L'apparaître concerne tout ce qui existe. Le paraître est humain, il relève de la convention sociale ou/et de la volonté individuelle. L'apparaître est instable et fugitif, car nos yeux bougent et notre corps se déplace dans un environnement changeant. Le paraître est plus consistant et plus durable, car sa fonction est d'établir un ordre ou/et de produire un effet. La fonction du paraître crée le regard, cette façon de veiller en gardant sous les yeux[2].

Pourtant, à ces deux verbes distincts – apparaître et paraître – correspond un seul substantif : l'apparence. Si, philosophiquement, l'univers et la société se composent d'apparences, dans la vie courante les apparences évoquent surtout le paraître. Le paraître nous renvoie au regard de l'autre. À ce regard, je suis existentiellement lié par un lien très complexe. Je n'existe que pour autant que certains de mes semblables remarquent ma présence. Comme je ne peux qu'interpréter la pensée de ceux qui portent leur attention sur moi, je suis toujours inquiet du regard de l'autre. Et cette inquiétude me renvoie à nouveau à mon paraître. Ce que l'autre va penser de moi ne dépend-il pas de ce qu'il perçoit de moi ?

La dépendance à l'égard du regard des autres, et donc du paraître, est renforcée dans un milieu social hiérarchisé, fondé sur la répartition des rôles et sur l'évaluation des réalisations et des comportements. L'entreprise est ce genre de milieu. Ce renforcement a lieu à deux niveaux. Sur le plan

1. Le verbe grec *phainesthai*, dont vient le terme *phénomène*, signifie ce qui apparaît à la lumière du jour (donc ce qui est visible).
2. Le regard signifie également l'expression qu'ont les yeux quand ils portent l'attention et la tension de l'individu.

collectif, certaines apparences sont explicitement ou implicitement imposées/attendues. Sur le plan individuel, chacun cherche à se montrer conforme à l'attendu.

L'entreprise, par différence avec une société hiérarchisée comme l'armée, est un monde d'apparences marqué par l'emprise de l'implicite. Le manager entend qu'il doit, par rapport à ses managés, « être » chef et pédagogue, tranchant et écoutant. Il entend que, par rapport à sa hiérarchie, il doit faire preuve de respect et d'initiative, d'ambition et de modestie. Il entend que sa qualité première devrait être le « leadership », l'art d'entraîner sans manipuler. Tout cela, le manager l'entend sans pouvoir localiser l'émetteur des messages. Tout cela circule dans les couloirs, lors des formations, lors des grandes messes pour managers.

Et, dans tout cela, le manager sous-entend une forte sollicitation à « être ». Regardé de partout, se regardant lui-même regardé, il a, en plus du souci de paraître, l'inquiétude d'être ce qu'il paraît et de ne pas paraître ce qu'il n'est pas.

Être ou paraître ?

Traîne dans notre inconscient occidental le très vieux préjugé selon lequel l'être est plus important que le paraître, que le paraître dissimule l'être. Ce préjugé prend source dans la vision dualiste qui, séparant le corps de l'âme, donne la supériorité absolue à l'âme[1]. Celle-ci serait le dedans, le profond, l'essentiel, caractérisée par l'invisibilité. Le corps serait le dehors, le superficiel, l'enveloppe visible. Ce préjugé est entretenu par une religion qui, héritière du paganisme[2], ne cesse de démultiplier les manifestations visibles du Dieu invisible, de représenter en images les

1. Platon et Descartes sont les principales sources philosophiques du dualisme occidental.
2. Paganisme est le nom donné aux religions non chrétiennes, qui sont polythéistes.

vertus et les vices, de mettre en scène la vie du Christ. Nous sommes tous pris dans l'histoire paradoxale de ce préjugé. Nous accusons les apparences d'être trompeuses tout en y croyant fortement. Nous situons l'authenticité dans l'être tout en redoutant sa non-apparition dans le paraître… En somme, à cause de notre difficulté à penser « être et paraître », nous vivons divisés.

Laurent, directeur des ressources humaines France d'une entreprise multinationale, a l'ambition d'assurer aux salariés les meilleures conditions possibles de travail. Mais les exigences de son ambition se heurtent à l'ambition de son chef, qui souhaite maintenir le traitement de faveur dont jouissent certains dirigeants du comité de direction quant à l'application des outils de management. Pour contourner l'obstacle, Laurent veut prendre comme allié un membre du COMEX. Mais il hésite à réaliser sa volonté. Le motif de son hésitation est la crainte de paraître déloyal. Dans cette entreprise, malgré toutes les incitations à l'autonomie, toute initiative non autorisée par le supérieur est assimilée à une indiscipline. Alors, Laurent redoute de paraître ce qu'il n'est pas. Il risque de ne pas agir, par peur de paraître différent de ce qu'il se sent être.

Mais, Laurent, comment peux-tu paraître ce que tu n'es pas ? Comment peux-tu paraître un fourbe aux dents longues alors que tu es un homme droit aux dents incisives ? Ce que tu es, en l'occurrence ce à quoi tu crois vraiment, ne peut que paraître si tu te concentres sur les exigences de ton aspiration…

Arnaud est, depuis seize mois, responsable des achats dans une entreprise où le vent est au management participatif. Chemin faisant, il se rend compte que la participation et ses corrélats sont réservés au *middle management* dont il fait partie, alors qu'à l'échelon au-dessus, le management reflète à chaque fois le tempérament du patron et que, du haut du comité de direction, les décisions « tombent ». Cette situation façonne le paraître de ses pairs, qui, pour ne pas déplaire à leurs chefs, pratiquent un management qu'Arnaud qualifie de mou, dans ce que la mollesse peut avoir d'inefficace et de lâche. Il part fusil à l'épaule et dit haut et fort son indignation et son désaccord lors d'une réunion cadres. Il en subit très rapidement les retombées, ainsi que son équipe.

Mais, Arnaud, pourquoi ne pas avoir enrobé dans le paraître-maison le fruit d'une réflexion plus mûre, qu'un bon nombre de tes pairs partageaient avec toi ? Pourquoi ne pas avoir pris le temps de penser les conditions de l'efficacité managériale ? Ce que tu es, en l'occurrence ta conviction, doit emprunter les apparences instituées pour produire un effet !

Paraître et être

De toute manière, nous paraissons. Entre « être dans le paraître » et « savoir paraître » il y a une différence décisive qu'il est urgent de relever. Est dans le paraître l'individu qui ne vit que par le regard de ceux qu'il a choisi, sciemment ou non, comme les modèles de son image sociale. Cet individu va se mouler dans les signes de reconnaissance du cercle de ses modèles et va imposer à son comportement un contrôle permanent. Cela veut dire qu'il s'habillera, parlera, se conduira d'une certaine façon et n'aura d'autre forme que sa conformité.

Michèle ne quitte plus son petit tailleur grande marque. Performante, elle ne lâche pas le contrôle de ses propos et de ses gestes. Ses présentations sont toutes admirables. Responsable approvisionnements au siège d'une entreprise de produits de luxe, Michèle n'imagine pas pouvoir vêtir d'autres apparences. Certains disent d'elle qu'elle a sacrifié son « être » à son paraître. Mais il se peut qu'à ses yeux, elle ne fasse aucune différence entre ce qu'elle est et ses apparences.

Est dans le paraître également l'individu qui emprunte les apparences qui conviennent à la situation. Cet individu va capter très rapidement la codification des apparences de l'environnement immédiat et va jouer à chaque fois un autre rôle. Cela veut dire qu'il va adapter son habit, son langage, sa conduite aux circonstances et prendra autant de formes qu'il fréquentera de milieux.

Ambroise, recruté comme technicien, est actuellement directeur d'une agence commerciale en téléphonie. Sa progression professionnelle est liée à une évolution qui n'est pas seulement due à son intelligence des situations. Ambroise a su à chaque fois prendre le pli de son chef, et donner à son vêtement les plis requis par l'activité. Certains disent de lui que c'est un caméléon privé d'être. Mais il se peut que, pour lui, être consiste à pouvoir saisir toute opportunité ou réussir à ne jamais déplaire.

Philosophiquement, on peut distinguer le « paraître pour paraître » du « savoir paraître ». Savoir paraître suppose que nous sachions quels sont nos fondamentaux et quelles sont nos exigences de circonstance. Nos fondamentaux sont les aspirations et les convictions qui font que la vie vaut pour nous la peine d'être vécue. Ils forment la colonne vertébrale qui porte autant notre vie personnelle que notre vie professionnelle. Nos exigences de circonstance sont les conduites que nous estimons indispensables pour affronter une situation déterminée. Ces exigences concernent des moments et des secteurs de notre existence. Ils forment surtout l'armature de notre vie professionnelle. Entre nos exigences circonstancielles et nos fondamentaux, le lien est serré. Celui qui sait ce qui le fait tenir debout sait aussi ce dont une situation a besoin pour tenir.

Savoir paraître, c'est repérer les apparences de l'environnement dans lequel je dois agir, et les utiliser pour paraître sans pour autant me compromettre. Savoir paraître, c'est être capable d'actualiser mon « être », de le faire passer du rêve à la réalité. En actualisant ce qui me fait vivre, je communique aux autres une manière d'être et d'agir dont ils pourront se servir à leur façon.

Dans un monde d'apparences, nous ne pouvons être qu'en faisant paraître opportunément ce que nous sommes.

En cheminant de la sophistique à la phénoménologie

Les Sophistes et l'art du paraître

L'entêtement de Socrate dans sa quête de l'essence des choses à travers le dialogue a pour arrière-fond son combat contre les Sophistes. Les Sophistes doivent leur nom à la pratique d'une méthode, appelée sophistique. Réduisant la *sophia* à la ruse et à l'habileté, quelques individus mettent leur érudition et leur astuce au service des hommes politiques de la cité démocratique d'Athènes.

À leurs yeux, le seul but de l'homme politique est de conquérir le pouvoir et de le garder. La justice, l'égalité, l'intérêt général sont des mots pour attirer le peuple, suffisamment naïf pour croire que ces mots expriment le projet du candidat au suffrage. Cette vision du pouvoir prend source dans une représentation de l'homme et du monde.

Pour les Sophistes, « *l'homme est la mesure de toutes choses* ». Cela veut dire que le critère de la vérité n'est pas chez les dieux, qui n'existent pas, ni dans l'Être, qui est une pure fiction de philosophes. Ce sont les hommes qui inventent les normes permettant d'évaluer les choses. Et comme les hommes sont des individus en chair et en os, ayant chacun son histoire et sa sensibilité propres, les critères de la vérité sont subjectifs. Ainsi à chacun sa vérité, ses valeurs, ses normes.

L'affirmation de la relativité de la vérité coïncide avec l'attitude sceptique. Puisqu'il n'y a pas de vérité absolue, on peut toujours mettre en doute une opinion, la renverser, la remplacer par l'opinion contraire. En l'absence d'un critère universel du vrai et du faux, du juste et de l'injuste, du beau et du laid, il devient possible à la raison de démontrer tout et son contraire. En somme, « est » vrai, faux, juste, injuste, etc. ce qui paraît tel. Le monde dans lequel nous évoluons est un monde d'apparences et d'impressions. Et il n'y a rien à chercher derrière les apparences.

Du coup, la seule chose importante pour l'individu ambitieux est de se composer les apparences qui servent son ambition. La composition des apparences passe par l'art du discours, car la majorité des humains est assez naïve pour prendre les discours pour de la réalité. Et le rôle des Sophistes est d'apprendre aux jeunes candidats au pouvoir à convaincre ceux qui croient qu'il y a des vérités et des valeurs. Les Sophistes sont des professionnels de la rhétorique ou, comme nous dirions aujourd'hui, de la communication. Ils se font très cher payer pour enseigner comment séduire le peuple. À ceux qui croient en la justice, il faut paraître un homme juste en tenant un discours bien ficelé sur la justice. Et, pour paraître cet homme juste qu'on n'est pas, il est nécessaire d'être fin psychologue, de sentir ce que son auditeur désire entendre, de pressentir ce qu'il souhaite voir, et composer le paraître en fonction de ses attentes.

Dans un monde qui n'est que jeu d'apparences, deviennent illustres seulement ceux qui manient l'art de paraître.

La réaction platonicienne

La philosophie de Platon est, de bout en bout, rejet de la représentation sophistique du monde.

Ce que Platon rejette avant tout, c'est le scepticisme des Sophistes, source d'immoralité et d'ignorance. Si toutes les opinions se valent, alors l'homme juste peut impunément être accusé d'injustice. C'est ce qui s'est passé avec Socrate, condamné à mort par le tribunal d'une cité démocratique. Si la réalité se confondait avec les apparences, par nature relatives et changeantes, la science serait impossible. Or les mathématiques sont la preuve qu'il existe des normes universelles qui imposent leur vérité à la pensée.

Des apparences trompeuses des discours sophistiques, Platon passe aux créations des poètes et, de là, aux faits de la nature. En prêtant aux dieux les passions des mortels, les poètes confèrent à la divinité des apparences humaines. Ainsi, ils empêchent la majorité des hommes de saisir la véritable essence du divin. Tous les faiseurs d'apparences, en encourageant le penchant des humains à croire en la réalité de ce qu'ils perçoivent, détournent de la connaissance.

Les hommes s'imaginent donc que la réalité coïncide avec les faits qu'appréhendent leurs sens, alors que leurs sens ne leur livrent que des apparences. Ils s'imaginent que l'être des montagnes, des fleuves, des plantes, et de tout ce que la nature offre à leur regard, est donné dans les montagnes, dans les fleuves, dans les plantes et dans tous les faits physiques qu'ils perçoivent.

Autant dire que nous tombons tous dans le piège des apparences. Nous sommes semblables aux prisonniers d'une caverne souterraine, enchaînés de telle sorte qu'ils ne peuvent se retourner pour voir ce qui se passe dehors, derrière et au-dessus d'eux. Ces prisonniers pensent que les images qui défilent sur la paroi qui se trouve face à eux sont la réalité. Et ils ne peuvent penser autrement tant qu'ils restent ainsi immobilisés par leurs chaînes.

Pour sortir de l'illusion, il est nécessaire que nous brisions les liens en tournant et en dressant la tête du côté de l'ouverture de l'antre. Ce mouvement est une conversion. Il consiste à fermer les yeux du corps pour ouvrir ceux de l'esprit. Alors seulement nous comprenons que les faits que nous livrent nos sens ne sont que des images, des copies imparfaites de réalités immatérielles et parfaites. Alors seulement nous comprenons que l'être est situé au-delà de ce qui paraît, et que c'est l'être qui fonde la connaissance vraie et l'action juste[1].

Notre attitude à l'égard des apparences est imprégnée du dualisme platonicien. Nous continuons de dissocier l'être du paraître, ou de considérer que l'apparence trahit la réalité. Pour sortir du platonisme, nous avons besoin d'aborder l'apparence autrement.

Le renversement phénoménologique

Cette autre approche est initiée par Edmund Husserl, fondateur de la *phénoménologie*[2]. Husserl s'oppose au dualisme en posant que toute conscience est conscience de quelque chose. Cela veut dire

1. *Cf.* culture générale, la théorie platonicienne des Idées.
2. Le terme signifie littéralement : la science des phénomènes (donc des apparences).

que « je » ne peux me saisir comme « sujet » qu'à travers l'« objet » qui apparaît actuellement à ma conscience. Cela veut dire en même temps qu'un objet n'existe qu'en apparaissant à une conscience. Il n'y a donc pas, d'un côté, le sujet pensant et, de l'autre, les choses matérielles. Il y a le lien dynamique « sujet-objet ». Il n'y a pas, d'un côté, le monde des phénomènes et, de l'autre, le monde de l'être. Il y a le *« monde des phénomènes »*, composé de la multiplicité innombrable des choses apparaissant aux différentes consciences. Si nous voulons connaître l'*essence* des *phénomènes*, nous avons à mettre entre parenthèses nos émotions pour décrire la manière dont les choses apparaissent à notre conscience.

Maurice Merleau-Ponty applique la méthode de Husserl en cherchant à décrire l'essence de la perception, c'est-à-dire à en faire la *phénoménologie*. Son premier constat est que la perception est l'affaire de notre corps. Le corps n'est pas une réalité matérielle au fonctionnement mécanique, il est *« l'autre face de l'esprit »*. Le corps n'est pas l'enveloppe de la conscience, il est cette structure concrète dans laquelle la conscience se constitue.

Ainsi, indépendamment de toute intervention de la raison et de ses savoirs, le mouvement du fleuve envahit l'œil, lequel prolonge à son tour le mouvement du fleuve. Tous les yeux humains reprennent ainsi cette rivière qui vient du dehors pour la parachever en en anticipant l'avenir immédiat. Le *phénomène* est la reprise, par la perception humaine, de ce qui vient de l'extérieur. Cette reprise ouverte et active, où les sens à la fois captent et complètent les choses, tisse l'être-au-monde de l'homme. Notre être humain-au-monde coïncide avec le vécu de notre corps. Et, sur fond d'expérience commune, le corps de chaque individu offre à celui-ci un point de vue sur le monde qui lui est propre.

En radicalisant la perspective phénoménologique, Hannah Arendt définit l'existence comme la *« faculté de paraître, et donc d'apparaître »*. Les choses qu'enferme notre monde, qu'elles soient naturelles ou artificielles, physiques ou mentales, ont toutes en commun de *paraître* – d'être faites pour être vues – et, par conséquent, d'*apparaître* à une multiplicité d'êtres dotés de la faculté de percevoir. Être, c'est apparaître continuellement et sous autant d'aspects qu'il y a de regards. L'apparence est la loi du monde et seul existe le monde des apparences. Même ces choses invisibles que sont les pensées apparaissent à notre esprit qui cherche, à son tour, à les faire apparaître en les parlant et en les écrivant. Nous ne pouvons fuir l'apparence que dans l'apparence, à moins de nous donner la mort, de cesser d'être, de disparaître. « *Être et paraître coïncident.* » Et c'est parce qu'un homme n'existe qu'en apparaissant que la mission centrale d'une politique soucieuse de l'homme est d'organiser la visibilité des apparences relatives aux affaires publiques. Le système totalitaire organise, au contraire, la disparition des hommes. Il commence par procéder à l'effacement des différences inhérentes aux apparences en uniformisant. Puis, il met en place les camps d'extermination. L'uniforme, le traitement dégradant, en donnant à tous les prisonniers la même apparence, leur ôtent ce qui fait qu'un être humain apparaît à un autre dans son humanité singulière[1].

L'approche phénoménologique nous renvoie à la *condition phénoménale* de notre existence. À nous de l'assumer, c'est-à-dire d'accepter, que nous soyons vitalement mus par le *besoin de paraître* pour nous sentir être…

La philo pratique

Un monde fait d'apparences ressemble à une scène de théâtre où ceux qui montent sur les planches ne font que passer. Une société structurée par le code de ses apparences ressemble à un scénariste qui définit et répartit les rôles que joueront les acteurs. Une société qui, comme l'entreprise, prédétermine positionnements et fonctions invite fortement ses salariés de passage à tenir leur rôle, en le colorant toute-

1. Le titre de l'ouvrage de Primo Levi, *Si c'est un homme*, illustre cette disparition, avant la mort, de l'homme en tant qu'homme.

fois d'une nuance personnelle. Dans l'incitation à « être acteur » se profile autant l'invitation à agir que l'incitation à être bon comédien...

En enseignant des « techniques » pour communiquer, animer, motiver, déléguer, les formations au management insistent fortement sur le paraître attendu par l'employeur. Parallèlement, en demandant au manager d'« être » un leader ou d'« être » force de proposition, d'« être » équitable, la pression ambiante[1] *insinue la nécessité d'avoir certaines qualités intrinsèques. Le terme de « savoir-être », employé pour désigner le « comportemental », est, philosophiquement parlant, très déroutant. Car il renvoie contradictoirement aux « manières », acquises à force de polissage, et aux « vertus », qu'on a ou qu'on n'a pas.*

Pour aider le manager à naviguer dans un environnement fait d'apparences, de rôles et d'injonctions contradictoires, le « point philo » demande à celui-ci de travailler à partir de certaines distinctions :

- *Me montrer est indépendant de ma volonté, car je ne peux empêcher les autres de me voir. Quand je me montre, mes apparences m'échappent ;*
- *Me présenter dépend de moi, du choix que j'ai fait de ce que je veux montrer*[2]*. Quand je me présente, je cherche à maîtriser les apparences qui servent à cette présentation ;*
- *Pour me présenter en sorte que mes apparences expriment au plus près ce que je veux montrer de ma volonté, de mes convictions, de mes exigences, etc., je dois me concentrer sur ce que, moi, je veux obtenir en me détachant du souci de mon image ;*

1. Ce genre de pression est, dans une large mesure, le fait des cabinets de consulting qui vendent des attitudes à vivre.
2. La distinction est de Hannah Arendt. Alors que les animaux *se montrent*, les êtres humains ont toujours la possibilité de *se présenter*.

- *Pour me présenter de telle sorte que mes apparences trahissent le moins possible ce que je veux exprimer, je dois accepter que les apparences qui ne dépendent pas de moi m'échappent ;*
- *Cette acceptation me permet de porter mon attention sur les réactions à vif des autres, c'est-à-dire sur leurs apparences, et donc de réagir à propos par rapport à ce que je perçois d'eux ;*
- *Cette acceptation me permet aussi de porter un regard humoristique sur mes apparences incontrôlables et d'atténuer ainsi certaines de mes maladresses.*

Un regard qui voit fin attire cependant l'attention du manager sur une inclination humaine. Nous avons tendance à rester sur notre première impression, c'est-à-dire à enfermer l'autre dans les premières apparences avec lesquelles il nous est apparu. C'est à cet enfermement que fait référence Sartre quand il dit que « l'enfer, c'est les autres ». *Un manager doit donc :*

- *Ne pas sous-estimer l'importance de ses premières présentations, lorsqu'il rejoint une nouvelle entreprise ou lorsque, dans l'entreprise, il rencontre un collègue, un collaborateur, un dirigeant pour la première fois ;*
- *S'entraîner lui-même et entraîner ses collaborateurs à ne pas rester prisonniers des premières impressions sur les êtres et les situations.*

C'est parce qu'il nous est impossible de fuir les apparences que nous avons à ne pas les figer. Nous avons à remplacer l'obsession ou la crainte des images par la recherche des visages. L'image est l'apparence immobilisée par le regard qui refuse le mouvement de la vie. Le visage est l'apparence irradiée par le regard qui aime la vie.[1]

---

1. Le philosophe Emmanuel Levinas réfléchit de façon originale sur le sens du visage.

Les mots du commencement

Et maintenant ?

Ah, lui dis-je, j'ai peur…

Mais il me répondit :

Tu dois maintenant travailler.

Le Petit Prince

Et maintenant que chaque lecteur a fait son chemin en marchant aux côtés de quelques grands philosophes, tout commence !

Car il ne s'agit plus de lire, mais de manager avec la philo. Il ne s'agit plus de comprendre, mais de t'accomplir en agissant. Changer d'attitude, c'est prendre un risque. Agir autrement, c'est accepter l'incertain. L'incertain fait peur. La vie fait peur. Pourtant, qui ne risque rien n'a rien. Pourtant, qui ne change pas est déjà mort.

Manager avec la philo, ça se travaille. Et ce travail consiste à :

- Questionner alors que tout semble résolu ;
- Définir quand tout semble évident ;
- Passer de la communication au dialogue ;
- Fonder pendant que tout fuit ;
- Être créatif dans un milieu hypernormé ;
- Paraître en étant en accord avec soi-même.

Il faut travailler à rebours d'une époque qui préfère :

- Les chiffres aux questions ;
- Les feux d'artifice à la lumière du jour ;
- Les discours à la parole ;
- Le visible à l'invisible ;
- L'assurance à la confiance ;
- La transparence à la clarté.

En travaillant ainsi, le manager d'aujourd'hui commence le monde de demain !

Partie III

Culture générale

Archimède et le « point d'Archimède »

Mathématicien, géomètre, mécanicien et physicien, Archimède vit au IIIe siècle avant notre ère. Il nous est surtout connu par le fameux *euréka* (j'ai trouvé) qu'il aurait prononcé en découvrant le principe qui porte son nom : « *Tout corps plongé dans l'eau dans un fluide éprouve de ce fait une poussée verticale, dirigée de bas en haut, égale au poids du fluide qu'il déplace et appliqué au centre de gravité du fluide déplacé.* »

Mais Archimède est, plus largement, le découvreur du *centre de gravité*. Tout corps physique comporte son propre point d'équilibre, point qui le rend léger à lui-même. Chacun de nous a un poids, mais, quel que soit son poids, il ne le sent pas, il en prend la connaissance et la mesure seulement quand il se pèse. Extrapolant, Archimède disait que s'il trouvait le *centre de gravité* de la terre, il pourrait la porter tout entière sans en subir la moindre pesanteur.

En reprenant à son compte cette idée, Descartes appelle *point d'Archimède* le fondement non physique – le fondement invisible, métaphysique – de la vérité. Ce fondement est le « *je pense donc je suis* ». S'il est une chose dont je ne peux douter, c'est d'exister ; le fait de penser me renvoie à la source de cette pensée, et cette source c'est moi-même, sujet de ma pensée.

Le Stoïcisme

Le Stoïcisme est un courant philosophique, initié par Zénon de Cittium au IIIe siècle avant notre ère, qui dure jusqu'au IIIe siècle après J.-C. Les Stoïciens les plus connus sont Épictète, Sénèque et Marc-Aurèle. Ce courant de pensée se caractérise par une sagesse de la fermeté face aux adversités de l'existence.

Les grands axes de la sagesse stoïcienne :

- Tout ce qui nous arrive est déjà écrit. La Destinée ou *Fatum* est le nom pour dire l'enchaînement irrévocable des événements du monde et de la vie de chaque individu ;
- Les événements ne dépendent donc pas de notre volonté – nous ne pouvons les éviter ou les modifier ;
- En revanche, notre représentation des événements et notre désir dépendent de nous – nous pouvons agir sur notre façon de voir les choses et de nous y relier ;
- Chaque situation difficile a deux anses. Une par laquelle on peut la porter, une autre par laquelle on ne peut pas la porter ;
- Face à une situation difficile, je dois rechercher le biais par lequel je peux la rendre supportable pour moi ;
- La liberté est un état intérieur. Elle est le propre de l'individu qui, maître de sa pensée (de ses désirs, de ses représentations), ne se laisse pas troubler par les événements, aussi terribles soient-ils.

La sagesse stoïcienne est individualiste : il s'agit, pour chacun, d'atteindre l'*ataraxie*, mot grec pour dire l'absence de trouble.

La théorie platonicienne des Idées

Dans sa volonté de connaître scientifiquement la réalité, Platon construit la théorie des Idées. Cette théorie comporte plusieurs axes. Elle pose d'abord l'existence de deux mondes (dualisme) :

- Le monde du *devenir* ou monde *sensible* est celui des choses que perçoivent nos sens, choses matérielles, soumises à la naissance, au développement et à la destruction ;
- Le monde des *Idées* ou monde *intelligible* est celui des réalités que voit notre intelligence, réalités immatérielles, immuables et éternelles. Les Idées sont des formes **idéales**.

Cette théorie affirme ensuite que ces deux mondes n'ont pas le même degré de **réalité** :

- Le monde des Idées est le seul vraiment réel, car il ne passe pas, ne subit pas de modifications – c'est un monde essentiel, parce que composé d'*essences*, c'est-à-dire de formes parfaites (la forme parfaite de la beauté, la forme parfaite de l'arbre, etc.) qui sont toujours identiques à elles-mêmes ;
- Le monde du devenir a une réalité approximative et évanescente, car il est composé de choses qui changent sans cesse et passent – c'est un monde phénoménal, car composé de *phénomènes*[1], c'est-à-dire de formes impar-

1. Le mot grec phénomène vient du verbe *phainesthai*, qui signifie apparaître.

faites qui apparaissent à nos sens (un bel arbre n'est jamais absolument beau et, de toute manière, il finit par perdre sa beauté, enfin par périr).

Cette théorie établit que ces deux mondes sont séparés mais reliés :

- Séparés, car le monde des Idées est au-delà du monde du devenir ;
- Reliés, car toutes les choses qui composent le monde du devenir sont des copies plus ou moins imparfaites de ces modèles parfaits que sont les Idées (cet arbre que je perçois avec mes yeux physiques puise sa réalité dans l'Arbre-Idée, le modèle parfait de l'arbre que je vois avec les yeux de l'esprit).

C'est en démontant la théorie de son maître Platon qu'Aristote construit sa propre théorie de la réalité. Pour Aristote, toute réalité que nous percevons est un mixte de *matière* (de réalité changeante et périssable) et de *forme* (de réalité qui ne change pas et ne périt pas). Ainsi un arbre est une matière façonnée par une forme déterminée.

La complexité

La complexité, mot courant pour désigner ce qui n'est pas simple, est érigée en concept fondamental pour penser la réalité par le penseur contemporain Edgar Morin. Pour forger le concept et la méthode de la complexité, Edgar Morin revisite la thermodynamique, la physique nucléaire, la génétique, la cybernétique, les théories de l'organisation, l'astrophysique, les sciences de l'environnement à partir de sa formidable culture générale.

La complexité désigne un tissu de faits hétérogènes, inséparablement liés, qui agissent, interagissent et rétroagissent les uns sur les autres et dont l'évolution reste, pour une large part, imprévisible. Les principes qui à la fois régissent la complexité et permettent de la comprendre sont :

- Le principe d'interdépendance : il n'existe pas de réalité isolée. Toutes les choses existantes sont liées les unes aux autres et n'existent que par leurs relations et interactions.
- L'une des déclinaisons de l'interdépendance concerne la connaissance : il n'y a pas de connaissance objective. Le sujet qui observe une situation modifie cette situation en l'observant et se trouve lui-même modifié par l'observation qu'il mène ;
- Le principe de la complémentarité des contraires : les opposés ne s'excluent qu'en apparence. En fait, toute réalité est composée de la coexistence dynamique de forces antagonistes.
- Le désordre des atomes constitue le tréfonds de notre univers ordonné. La lumière est à la fois une onde et un ensemble de corpuscules. Vivre, c'est transformer en

permanence la dégradation d'énergie en nouvelle source d'énergie ;

- Le principe de la causalité récursive et de la pluricausalité : il n'y a pas de causalité linéaire et toute réalité dépend d'une multiplicité de causes entrelacées. Les effets **rétroagissent** sur leurs propres causes : transformées par l'effet de leurs effets, les causes produisent de nouveaux effets qui à nouveau les transforment ;
- Le principe d'incertitude : il est impossible de déterminer à l'avance le comportement des faits. À l'échelle subatomique, il est impossible de prévoir avec précision la trajectoire d'une petite particule. À l'échelle humaine, les événements et les conduites ne sont absolument pas prévisibles.

L'évolution de notre univers, puis de la vie à l'intérieur de cet univers, puis de l'espèce humaine à l'intérieur des vivants, est allée en se complexifiant. Le cerveau humain est infiniment plus complexe qu'un cristal. Et nos progrès ne cessent d'ajouter, à la complexité naturelle du monde, la complexité technologique.

Pour comprendre la complexité, il est nécessaire de :

- Abandonner la prétention à l'objectivité, la méthode analytique, la logique binaire du « ou bien ou bien », l'explication monocausale et linéaire, la volonté de contrôler l'avenir ;
- Introduire la subjectivité, la vision globale, la logique complexe du « et/et », l'explication pluricausale et récursive, l'ouverture à l'incertain.

L'approche complexe des situations inclut l'approche **systémique**, mais ne s'y réduit pas.

Le vivant humain est un tissu de contradictions : sa capacité de raisonner est traversée, perturbée, inhibée, stimulée par son penchant au délire ; sa volonté de savoir rencontre son penchant à s'aveugler, à s'illusionner.

Pour vivre notre complexité, il est nécessaire de :

- La penser. Comprendre que le mensonge et la vérité, la douceur et la cruauté, la crainte et le désir sont les pôles d'attraction-répuslion de notre nature contradictoire, errante et inachevée.
- Engager la *dialogique*. Partout où nous rencontrons la contradiction, en nous et hors de nous, entrer en dialogue et mettre au dialogue les forces qui s'opposent.

Gaïa et Ouranos

Dans la *Théogonie*, Hésiode raconte la naissance de notre univers à travers les naissances successives des divinités premières[1]. Du Chaos ou abîme, émerge Gaïa, la Terre aux larges flancs, offerte désormais à tous les vivants, ainsi que la puissance de l'Amour génésique[2], la Nuit, le Jour. Gaïa donne naissance à Ouranos, le Ciel étoilé, divinité capable de la couvrir tout entière et d'offrir de la sorte une protection à tous les vivants. Ouranos, avide d'amour physique, écrase de son poids Gaïa et se met à lui faire des enfants. Mais, jaloux de ses enfants, il les tue aussitôt afin qu'ils ne voient jamais le Jour. Étouffée, épuisée et indignée, Gaïa crée dans son ventre une grande serpe d'acier et demande à ses fils, prisonniers dans son ventre, de châtier leur père. Seul Cronos a le courage d'agir. Au moment où Ouranos cherche une fois encore à faire l'amour à Gaïa, Cronos castre son père. Fou de douleur, Ouranos s'éloigne de Gaïa en éclaboussant celle-ci de sang. Du sperme d'Ouranos se forme une écume, et de cette écume naît Aphrodite, la déesse de l'amour entre les êtres humains.

1. La mythologie grecque présente trois générations de divinités. La première, sous le règne d'Ouranos, la deuxième, sous le règne de son fils Cronos et la troisième, qui nous est familière, sous le règne de Zeus, chef des dieux de l'Olympe. On peut noter que le passage d'une génération de dieux à une autre a lieu par le meurtre du père.
2. Dans la mythologie grecque, il y a deux Éros : Éros, fils du Chaos, puissance d'attraction et de fécondation, et Éros, fils d'Aphrodite et d'Arès, amour entre deux êtres conscients, humains ou divins.

La *Genèse*

Dans le Livre de la *Genèse*, Dieu, appelé Élohim[1], crée l'univers à partir du chaos[2] ou l'indifférencié obscur. Dieu ordonne à la lumière d'apparaître, juge que la lumière est bonne et la sépare de l'obscurité. Ainsi, au premier jour de la création, sont créés le jour et la nuit. Durant les cinq jours suivants, Dieu crée le ciel, les eaux salées et douces, les plantes, le temps ou calendrier des fêtes, des années et des jours, les étoiles, les animaux du ciel, les animaux des mers, les animaux de la terre. Quand l'ensemble de l'univers physique est là, Dieu crée les êtres humains, afin qu'ils soient les maîtres des autres êtres vivants, plantes et animaux. Créés, l'homme et la femme sont immédiatement mis face à leur libre arbitre : ils ont le pouvoir de choisir selon leur volonté, en obéissant ou en désobéissant aux ordres de Dieu.

1. Élohim signifie le mouvement tourbillonnaire. Dans le texte hébreu, ce mot est d'abord mis au pluriel, signalant la présence de plusieurs tourbillons.
2. Le mot hébreu est *tohu-bohu* et désigne le désordre ténébreux et mouvant dans lequel tout se mélange et rien ne peut être distingué.

Le langage humain

Le langage est l'ensemble de signes au moyen desquels les membres d'une espèce animale ou d'une communauté humaine communiquent entre eux. Ce qui distingue le langage humain des langages animaux, c'est que ses signes ne sont pas génétiquement programmés mais établis par chaque communauté humaine. Entre le mot et la chose, le lien n'est pas de ressemblance, mais de convention. Arbre, *tree*, *Baum*, *dendron*, etc. sont des ensembles phonétiques différents pour désigner une même réalité physique.

La parole : parce que le lien entre les mots et les réalités est fait par l'esprit et que chaque individu a sa propre manière de voir les choses et de vivre les situations, chacun d'entre nous utilise les règles du langage pour combiner les mots à sa façon. Le fait de parler témoigne de notre liberté. En effet, lorsque nous parlons, nous pouvons prévoir le sens global de ce que nous voulons dire, mais non l'ordre et la manière dont les mots se placeront. Et, assez souvent, nous sommes nous-mêmes surpris de ce qui sort de notre bouche et des lapsus que nous faisons.

L'écriture : parce que l'être humain est le seul animal à produire volontairement des traces durables de son passage dans le monde, il est aussi le seul à avoir, à partir d'un certain moment, gravé son langage sur la matière. L'écriture est un formidable moyen de stockage, de communication et de transmission des informations. Mais elle est aussi ce qui permet à la pensée humaine d'aller vers des réflexions de plus en plus éloignées des besoins et des impressions immédiats. Écrire, c'est se concentrer, car les écrits restent.

L'écriture idéogrammatique : les premières formes de l'écriture, qui apparaissent il y a plus de 5 000 ans, sont des représentations de situations concrètes. Ces formes d'écriture traduisent et inspirent une vision imagée et globale, où l'espace est privilégié sur le temps et la description sur l'abstraction et l'analyse. L'écriture chinoise est idéogrammatique. Le type d'écriture a des conséquences directes sur la manière de penser le fonctionnement de l'univers ou le rapport de l'homme au temps et à l'espace. Ainsi, la pensée chinoise propose une vision synthétique et pragmatique du monde.

L'écriture alphabétique : née en Phénicie aux environs du XIe siècle avant notre ère, l'écriture alphabétique invente deux types de signes, les lettres et les mots. Chaque lettre est un signe qui note un son. À partir d'un nombre limité de lettres, il est possible de composer ces signes par combinaison de lettres que sont les mots. Lettres et mots sont très éloignés des choses signifiées. Par son éloignement de ce que nos sens perçoivent des réalités, le langage alphabétique offre à notre esprit le moyen de pousser très loin l'analyse et l'abstraction. La philosophie – cette démarche rationnelle pour comprendre l'ensemble de la réalité – et la science – cette démarche rationnelle pour connaître le fonctionnement de la nature en ses parties – n'auraient pas été possibles sans ce type d'écriture.

Le matricide d'Électre et Oreste

Électre et Oreste sont les enfants d'Agamemnon et de Clytemnestre, rois de Mycènes. Pour venger son frère Ménélas, dont le Troyen Paris a enlevé la belle épouse Hélène, Agamemnon entraîne tous les chefs grecs dans un combat contre la ville de Troie. Au moment de son départ, la flotte grecque est empêchée de partir. Aucun vent ne souffle pour gonfler les voiles des navires. Interrogé par Agamemnon, le divin Calchas répond que le seul moyen d'apaiser la colère de la déesse Artémis, furieuse contre lui, c'est de lui sacrifier sa fille Iphigénie. Agamemnon fait alors venir sa femme et sa fille à Aulis, lieu où est immobilisée la flotte grecque, en prétextant la marier à Achille. Apprenant la réalité, Iphigénie accepte de se sacrifier pour la gloire des Grecs. Clytemnestre, qui en veut à mort à son mari, prend un amant, Égisthe, pendant qu'Agamemnon dirige la guerre contre Troie. Lorsque, dix ans après, Agamemnon revient à Mycènes, les amants lui tendent un piège et l'assassinent sauvagement. La haine qu'Électre fomente contre sa mère depuis de longues années atteint son comble. Électre convainc son jeune frère Oreste de la nécessité de venger leur père. Assisté par sa sœur, Oreste assassine donc l'amant de sa mère et sa propre mère.

L'épisode de la vengeance d'Électre est mis en scène par les trois auteurs tragiques, Eschyle, Sophocle et Euripide. Si chacun d'entre eux confère à cette histoire un éclairage différent, tous les trois incitent le spectateur à réfléchir sur les liens entre la vengeance, la justice, la responsabilité et la culpabilité.

Ce mythe est admirablement repris par Sartre, dans sa pièce *Les Mouches*.

La mort de Socrate

Accusé par deux Athéniens de ne pas respecter les dieux de la cité ainsi que de corrompre la jeunesse, Socrate est traduit devant le tribunal d'Athènes. Repoussant le conseil de ses nombreux disciples de prendre un avocat, il décide de se défendre lui-même. Cette défense est consignée dans l'ouvrage de Platon, l'*Apologie de Socrate*. Socrate nargue ses juges en décrivant sa mission. Chargé par les dieux d'aiguillonner les Athéniens pour les rappeler à leur devoir de lucidité, il devrait être, non pas accusé, mais nommé sénateur. Furieux de cette insolence, les juges déclarent Socrate coupable et lui proposent de choisir sa peine : exil, amende ou prison. En repoussant les trois peines, Socrate contraint le jury à le condamner à mort. Et, refusant de fuir ainsi que le lui proposent ses amis, Socrate meurt en buvant la ciguë. La mort de Socrate est symptomatique du sort que la démocratie fait au philosophe, lorsque celui-ci prend la liberté d'éveiller les citoyens à l'esprit critique. La mort de Socrate est l'événement qui décide Platon, son génial disciple, à abandonner la poésie pour se consacrer exclusivement à la philosophie.

L'alliance de Dieu avec Abraham et la fondation du judaïsme

En créant l'homme à son image, Dieu confie aux hommes la tâche de coopérer avec lui afin de préserver, en le développant, l'univers créé. Le fondement de cette coopération est l'obéissance aux exigences du Créateur, qui sont toutes d'ordre éthique. Le premier précepte de cette morale[1], qui stipule le respect du caractère sacré de la vie, est communiqué par Dieu lors de l'alliance passée avec Noé après le déluge. Comme les exigences de Dieu sont entièrement incarnées pour la première fois par Abraham, le chef de la tribu d'Israël, Dieu choisit les descendants de celui-ci pour faire connaître aux hommes ses commandements. Ce choix est une alliance particulière. Entre Dieu et le peuple d'Israël un lien personnel et privilégié est établi. Le peuple d'Israël a pour mission d'être le relais et le témoin de la voie de Dieu. Dieu compte sur le peuple d'Israël pour que son message soit universellement connu et partagé.

Le choix que Dieu fait d'Abraham est fondé sur plusieurs faits, dont une mise à l'épreuve extrême. Pour exprimer son amour au fidèle Abraham, Dieu octroie la fertilité à sa très vieille épouse, Sarah. Ainsi naît Isaac. Mais, pour éprouver la foi d'Abraham, Dieu demande à celui-ci de lui immoler ce fils unique qu'il a eu de Sarah. Sans hésiter un seul instant, Abraham conduit Isaac au sommet d'une montagne,

1. Les termes de morale et d'éthique sont considérés ici comme synonymes.

construit un autel et y place son fils. Au dernier moment, Dieu apparaît pour retenir la main d'Abraham et mettre, à la place d'Isaac, un bélier. La folle demande de Dieu à Abraham et la soumission aveugle d'Abraham à Dieu sont le symbole de la foi qui scelle l'Alliance.

Athéna et la fondation de la ville d'Athènes

Fille du roi des dieux, Zeus, et de Métis, la Ruse, Athéna est la déesse à la fois de la sagesse et du combat. La combinaison de la raison et de la guerre fait aussi d'Athéna la déesse de la paix. Poséidon, le dieu de la mer, lui dispute la souveraineté sur la région de l'Attique, terre que la mer entoure, pénètre et brode de toutes parts. Pour trancher cette dispute, Athéna et Poséidon optent pour un concours. C'est à celui des deux qui offrira à l'Attique le plus beau cadeau que reviendra la royauté de ce pays. Le concours a lieu sur l'Acropole d'Athènes. D'un coup de trident, Poséidon fait jaillir un lac salé. D'un coup de lance, Athéna fait pousser un olivier. Les dieux de l'Olympe, pris pour arbitres, jugent que l'olivier est préférable. De fait, l'olivier apporte des olives et de l'huile et symbolise la paix. La fondation d'Athènes est ainsi reliée à la fertilité et à la paix.

Emmanuel Kant et la « révolution copernicienne »

Kant compare la révolution que sa *Critique de la raison pure* apporte dans le domaine de la philosophie à la révolution que Copernic a suscitée dans le domaine de l'astronomie.

En prouvant que c'est la terre qui tourne autour du soleil et non l'inverse, Copernic renverse définitivement la croyance géocentrique selon laquelle la terre est le centre de l'univers. En montrant que l'esprit humain n'est pas le miroir des choses mais que les choses que les hommes perçoivent et connaissent sont structurées par l'esprit humain, Kant renverse la croyance selon laquelle il existe une réalité indépendante de l'esprit.

Voici les grands axes de la critique de la raison pure :

- Tous les esprits humains ont la même structure ;
- Cette structure comporte trois niveaux :
  - La *sensibilité* ou organisation de la perception : l'*espace* et le *temps* sont les « formes » à travers lesquelles tout homme perçoit le monde ; en effet, toutes les choses que nous percevons – les *phénomènes* – ont volume et durée ;
  - L'*entendement* ou explication des phénomènes : les *concepts* sont les « formes » grâce auxquelles notre esprit regroupe les phénomènes (les concepts d'arbre et de chien permettent de distinguer les arbres des chiens...) ; les *catégories* sont les « formes » grâce auxquelles notre esprit met de l'ordre dans les phé-

nomènes en établissant entre eux des liens de cause à effet, d'antériorité et de postériorité (la chaleur fait fondre la neige, l'enfance précède la puberté...) ;

  - La *raison* ou unification des explications : les *idées* sont les « formes » par lesquelles notre esprit regroupe les explications en les ramenant à quelques *principes* simples (l'ensemble des explications causales sont, par exemple, réunies sous l'idée de cause première, appelée Premier Moteur, Dieu, Nature...) ;

- Nous ne pouvons connaître vraiment que les phénomènes – la seule connaissance théorique valable est la connaissance scientifique. Dès que notre raison dépasse le domaine de l'expérience possible, dès qu'elle fait de la *métaphysique*, elle divague – elle peut monter la démonstration de thèses opposées (la raison peut démontrer aussi bien l'existence que l'inexistence de Dieu...) ;
- Mais nous ne pouvons museler l'élan qui porte notre raison à vouloir connaître ce dont elle ne saurait avoir l'expérience – nous ne pouvons résister à la tentation de répondre à des questions métaphysiques (ces questions sont celles de l'existence ou non de Dieu, de l'immortalité ou non de l'âme, de la liberté ou de la fatalité...).

Kant est l'initiateur de la pensée **moderne**. Celle-ci est, en effet, caractérisée autant par sa méfiance à l'égard des pouvoirs de la raison que par l'idée que ce que nous appelons le monde est une construction de l'esprit humain. Cela ne veut pas dire qu'il n'y a pas de réalité hors de notre esprit. Cela veut dire que nous ne pouvons atteindre la réalité qu'à travers la structure de notre esprit.

Système clos, système ouvert et théorie systémique

Un **système clos** est un ensemble d'éléments intégrés qui se trouvent en état d'équilibre parce qu'ils n'échangent pas avec le milieu extérieur. Une pierre, une chaise, une calculatrice mécanique sont des systèmes clos.

Un **système ouvert** est une organisation qui cherche à compenser son état de déséquilibre en effectuant des échanges adaptés avec l'environnement. Une bougie, une amibe, un cheval, une forêt, sont des systèmes ouverts. Ouvert ne signifie pas béant. Le système ouvert se distingue de l'environnement dans lequel il puise l'alimentation qui lui permet d'être par la **limite** qu'il pose entre l'extérieur et lui (la limite de chaque organisme vivant est, par exemple, son système immunitaire).

La **théorie systémique**, inspirée de la biologie, concerne la connaissance des systèmes ouverts. Elle avance que :

- Tout système ouvert s'inscrit dans un réseau d'interdépendances ;
- Pour comprendre un système ouvert (une situation, le fonctionnement d'un individu...), il ne faut pas l'isoler mais, au contraire, le situer dans une dynamique de liens, d'interactions et d'interférences (ainsi les thérapies systémiques sont des thérapies familiales, le symptôme individuel étant toujours la résultante d'une pathologie plus large) ;
- Pour comprendre une situation, il faut en avoir une approche transdisciplinaire, combinant physique, biologie, psychologie, sociologie, économie, etc. (ainsi la

faillite d'une entreprise ne saurait s'expliquer par une analyse économique, mais exige la mobilisation de tout le panel des connaissances humaines).

Il est essentiel de ne pas confondre approche systémique (repérage des liens et interférences) et approche globale (vision confuse d'un tout dont on ignore les articulations).

Annexes

Lexique

Abstraction/abstrait/concret/intellect

L'**abstraction** est cette démarche par laquelle l'intelligence humaine enlève de sa représentation d'une réalité ce qui est particulier à cette réalité pour ne retenir que la forme générale qui est commune à toute la série des réalités semblables. Par l'abstraction, notre intelligence va du percept (ce qui est perçu) à l'idée générale ou concept (ce qui est conçu). Le concept d'« arbre » est le produit d'une abstraction qui, laissant dehors mes souvenirs d'arbres particuliers, me permet de « voir » avec les yeux de l'esprit une « forme » évoquant une catégorie de choses.

On peut appeler la fonction par laquelle notre intelligence opère ainsi **intellect**. Est **abstrait** tout ce qui n'existe que dans l'intellect. Est **concret** tout ce qui est appréhendé dans sa particularité : un objet perçu (ce chêne dans ma rue), un sentiment (cette tendresse que j'éprouve), un rêve (cette imagerie qui m'habite), une sensation (cette douleur qui m'atteint) sont concrets.

ATTENTION ! Ne pas confondre l'abstrait avec ce qui n'existe pas ou ne sert pas dans l'immédiat et le concret avec ce qui est opérationnel ou utile. En entreprise, la confusion entre l'abstrait et l'inutile évacue souvent des réflexions fort utiles.

Anticipation/prévision

L'**anticipation** consiste à prendre de l'avance sur un éventuel événement en l'imaginant. La **prévision** consiste à se servir de la connaissance précise d'un fait qui s'est produit plusieurs fois pour prédire sa reproduction dans l'avenir.

L'anticipation concerne le domaine des événements, marqué par l'évolution du cours imprévisible des affaires humaines. La prévision concerne le domaine des faits étudiés par les sciences, faits dont le caractère commun est de se répéter lorsque les conditions de leur production se trouvent réunies.

ATTENTION ! C'est parce que nous sommes impuissants à prévoir le cours de notre existence que nous sommes tentés de consulter les voyants. Et c'est, paradoxalement, notre peur de l'avenir inconnu qui nous empêche d'exercer notre imagination anticipatrice.

Art

L'art désigne tout ce qui relève de la capacité de la pensée humaine d'utiliser des éléments naturels pour produire des choses artificielles. Dans son sens large, l'art recouvre autant les productions esthétiques que les productions techniques. La frontière entre le technique et l'artistique est difficile à tracer. Les objets utilitaires obéissent, depuis toujours, à un souci esthétique. En revanche, la frontière devient de plus en plus nette entre l'artistique et le technique. Les objets d'art, qu'ils soient destinés à célébrer la divinité ou qu'ils soient totalement étrangers au religieux, revendiquent leur indépendance à l'égard des buts utiles – ils revendiquent leur caractère gratuit.

Autonomie/être autonome

L'**autonomie** désigne le fait d'être l'auteur des lois auxquelles j'obéis, de poser mes propres limites et de me mouvoir librement dans le cadre de celles-ci. L'autonomie est une dépendance choisie dans le contexte d'une interdépendance inévitable. Je suis **autonome** dans mon travail à partir du moment où, n'ayant pas besoin d'être assisté (disposant des compétences et des ressources nécessaires), je prends l'initiative d'utiliser mes compétences et ressources dans tel but, de choisir telle méthode, de courir tel risque, etc.

L'autonomie est le contraire de l'automatisme. Un automate exécute mécaniquement un programme – parler de l'autonomie d'un ordinateur portable ou d'un mobile, c'est commettre un abus de langage. Un individu autonome peut à tout moment modifier le programme qu'il s'est donné à lui-même ou qu'il a, pour une raison précise et provisoire, accepté de suivre.

ATTENTION ! Ne pas confondre l'autonomie avec le désir d'indépendance qui relève souvent d'une difficulté de s'imposer un cadre. En entreprise, les défaillances de l'autonomie viennent de la difficulté de poser et de s'imposer un cadre à la fois précis et provisoire.

Complexité/complication

La **complexité**[1] caractérise la texture des choses. Notre monde est complexe, car la complexité naturelle de notre planète se trouve intensifiée par les innombrables interactions, interdépendances, interférences créées et entrecroisées par les interventions de nos technologies dont la vitesse de progrès va en s'accélérant. Nous sommes des êtres complexes, car notre cerveau aux circuits innombrables nous rend conjointement fous et raisonnables, progressifs et régressifs, sociables et associables, compatissants et cruels, et que cette complexité inhérente se verse dans la complexité du monde qui nous traverse. La complexité se caractérise par l'incertitude qui, rendant impossible toute prise de position tranchée et toute prévision certaine, nous oblige à naviguer à vue, dans le brouillard et le fouillis.

1. *Cf.* Culture générale.

La **complication** relève de l'intervention de l'homme. Nous savons nous compliquer la vie en ajoutant à nos obligations incontournables des obligations inutiles ou en entourant nos actions d'un secret ou d'un formalisme qui met un écran entre nous et les autres. Et un certain nombre d'intellectuels utilisent un langage compliqué pour exprimer des pensées que tout être normalement constitué serait apte à comprendre si elles étaient dites dans une langue accessible.

ATTENTION ! Nous confondons souvent complexité et complication, ce qui nous conduit à répondre au complexe par du compliqué. L'entreprise est une formidable fabrique de complication (organisation, procédures, jargon...).

Concept/conceptualiser/mots-concepts

Le **concept** est une représentation mentale qui permet à l'esprit d'évoquer la forme générale des objets au moyen des mots qui désignent cette forme (le concept de vase, le concept de circulation...) et d'aller au-delà des objets de la perception pour évoquer ce qui pourrait ou devrait être (le concept de précaution, le concept de justice...). Chaque concept correspond à un mot. La démarche intellectuelle qui produit les concepts est la conceptualisation, qui procède par abstraction et élucidation. **Conceptualiser**, c'est à la fois prendre ses distances par rapport aux faits particuliers et introduire des nuances entre faits semblables (le concept de masse est différent du concept de foule, le concept d'universalité différent de celui de mondialisation, le concept d'autorité différent de celui d'autoritarisme...).

Tous les mots figurant dans ce lexique sont des concepts.

ATTENTION ! Nous confondons souvent conceptualisation et intellectualisation. Conceptualiser, c'est introduire différences et nuances pour comprendre et agir. Intellectualiser, c'est se déconnecter du réel en entrant dans des détails et des abstractions qui éloignent de la compréhension et de l'action. La carence de la réflexion en entreprise vient, en partie, de cette confusion.

Concret (voir abstraction)

Conscience/être conscient/prendre conscience/ conscience morale

La **conscience** est le propre de l'homme, seul vivant à se saisir comme le sujet de ce qui lui arrive et de ce qu'il produit, c'est-à-dire de référer l'événement passager à son unité individuelle qui permane en changeant. **Être conscient**, c'est être présent à la situation présente en le sachant. Mais c'est aussi faire retour sur la situation vécue pour la penser, **prendre conscience**. La conscience spontanée (je suis en train de vivre cela) se prolonge en conscience réfléchie (je prends conscience du sens de ce que je vis ou de ce que j'ai vécu).

La conscience est d'abord une faculté psychique, elle est la composante essentielle du psychisme humain. L'enfant devient conscient au sens plein à partir du moment où il dit « je ». Mais comme la prise de conscience pose la question de la valeur de ce qui est vécu, elle s'accompagne souvent d'une interrogation morale (ai-je bien agi ? ce comportement est-il équitable ?). La **conscience morale** est cette voix intérieure qui évalue nos actions et nos intentions en fonction des critères du bon et du mauvais.

ATTENTION ! Nous confondons souvent la prise de conscience avec l'évaluation morale. Cette confusion, courante en entreprise comme dans la vie, empêche souvent la prise de conscience de la situation, qui est toujours conscience de soi-même en situation.

Culpabilité/sentiment de culpabilité/ auto-culpabilisation/culpabilisation

La **culpabilité** est le fait de celui qui a commis une faute, c'est-à-dire qui a failli par rapport à la règle établie. Cette règle est tantôt clairement énoncée, comme c'est le cas d'une législation ou d'un règlement intérieur, tantôt sous-entendue, comme c'est le cas des principes moraux ou des principes impliqués dans les coutumes. Le lien intime entre la conscience individuelle et la règle fait que la conscience glisse souvent de la culpabilité réelle au **sentiment de culpabilité**. Je me sens coupable d'égoïsme pour n'avoir pas accordé suffisamment de temps à mes enfants.

Les sources juive et chrétienne de notre culture occidentale marquent nos inconscients d'une forte tendance à l'**auto-culpabilisation**. L'idée du péché originel par transgression de l'interdit de Dieu est présente sous forme d'inquiétude permanente par rapport à l'accomplissement de nos devoirs. Comme le sentiment de culpabilité est pesant, nous cherchons à l'atténuer en faisant porter des fautes imaginaires ou réelles aux autres. La **culpabilisation d'autrui** est un moyen de dominer celui-ci en l'inhibant sournoisement.

ATTENTION ! Nous confondons souvent culpabilité et **responsabilité**. La culpabilité concerne toujours une faute, réelle ou imaginaire. La responsabilité concerne une action ou une pensée communiquée et consiste, pour chacun d'entre nous, dans le fait d'assumer ce qu'il a librement engagé. En entreprise, comme dans la vie, la confusion entre culpabilité et responsabilité est un moyen d'abuser de son pouvoir ou/et de s'empoisonner la vie.

Culture/cultures/être cultivé

La **culture** est ce processus continu par lequel les hommes *« humanisent la nature »*[1], en corrigeant, complétant, modifiant, transformant leur environnement naturel. La production d'outils, de mythes, de rites, de règles sociales, de représentations artistiques, d'explications rationnelles fait partie de ce processus. Cette production est vitale. Génétiquement non programmés pour faire face aux adversités, les animaux humains parent à cette déficience en produisant de la culture. Cette production implique le langage des mots qu'à son tour elle développe. Le socle et le ressort de la culture sont la capacité d'échanger sur autre chose que sur les besoins vitaux immédiats.

L'homme est, par nature, un être de culture. Cette dimension culturelle qui lui est constitutive est inséparable d'une autre donnée. L'animal humain acquiert son humanité (sa capacité de parler, et donc d'être conscient de lui-même, des autres et du temps qui passe) en vivant dans une société organisée par des règles. La culture est de ce fait un processus collectif, même si la contribution de certains individus est plus importante.

Ce processus se diversifie de telle sorte que la culture humaine se trouve composée d'une variété innombrable de **cultures**, passées, présentes et à venir. Toute culture est toujours en train de se produire. Ce qui est transmis par les générations antérieures et inscrit dans la mémoire collective, est sans cesse repris et modifié par les individus et les collectivités particulières qui vivent dans et par cette culture.

La tendance actuelle à appeler culture toute production de signes et de coutumes est problématique. Car autant la reconnaissance de la diversité culturelle relève de l'expres-

1. L'expression est de Karl Marx.

sion de la liberté, autant une plongée trop poussée dans les « micro-cultures » constitue un péril pour le lien social.

ATTENTION ! Nous confondons souvent culture et valeurs. Si toute culture véhicule des valeurs (une conception du bien, du beau, du vrai...), la culture déborde de toutes parts les valeurs. Réduire la culture d'une entreprise aux valeurs affichées ou/et vécues, c'est évacuer la part décisive que le métier, l'histoire, le scénario de la fondation, les individus influents jouent dans le tissage de la culture.

Décision/décider

Décider, c'est trancher. La **décision** est l'aboutissement d'un processus qui va du repérage et de la pesée des possibilités contenues dans une situation au choix d'une possibilité par élimination (provisoire ou définitive) des autres. La décision arrête ce processus en réalisant ou en autorisant la réalisation du passage à l'acte. Le lien de la décision à l'acte confère à celle-là un caractère dramatique : une fois engagée dans le monde de l'histoire, la décision est irréversible et cette irréversibilité la livre aux imprévus des événements. L'incertitude est l'horizon de la décision. Celle-ci commence par hésiter entre plusieurs alternatives et, une fois prise, dépend d'aléas qui échappent à la maîtrise du décideur.

Toute décision engage la **responsabilité** du décideur vis-à-vis des autres. L'individu qui décide doit rendre compte des raisons pour lesquelles il a choisi cette option et pas une autre. La décision la plus personnelle a des impacts sur notre entourage. La nécessité de répondre de ce dont l'évolution est incertaine ajoute au caractère dramatique une difficulté supplémentaire. La difficulté liée à la décision explique la tendance des humains à lui préférer l'indécision.

Cette tendance est renforcée par la collégialisation du processus de décision. En politique comme en entreprise, les décisions sont de plus en plus le fait d'une assemblée. Cette situation favorise la dilution de la décision. Les conséquences de cette dilution se répercutent sur l'organisation de l'action. L'action est de plus en plus formatée pour prévenir les risques plutôt que pour réaliser des enjeux.

ATTENTION ! En entreprise, il est important de distinguer entre l'acte de décider et la décision stratégique. L'acte de décider relève de l'individu qui, dans le cadre des responsabilités qui lui sont assignées, doit faire le choix et traduire ces choix en actions. La décision en tant que détermination/autorisation de mettre en œuvre tel ou tel projet d'entreprise relève du Comité de direction. Mais comme celui-ci subit souvent les pressions des actionnaires, on peut s'interroger sur son pouvoir réel de passer stratégiquement aux actions.

Éduquer/éducation/éducateur/former

Éduquer, c'est conduire progressivement quelqu'un « hors » de lui-même pour le tirer plus loin et plus haut. Cette conduction a lieu par l'éveil du désir d'apprendre et de la conscience qu'apprendre est un acte personnel, puisqu'il s'agit de se nourrir pour grandir. Cette conduction progressive suppose que l'**éducateur** tienne compte de la singularité de l'individu à éduquer, qu'il adapte le contenu au destinataire, qu'il accepte le rythme et l'imprévu de celui-ci, qu'il emprunte des détours et invente des tours – qu'il soit pédagogue. Cette progression concerne autant l'éducateur que l'éduqué, car on ne peut transmettre le désir et la curiosité si l'on n'est pas soi-même en désir d'apprentissage permanent. Celui qui n'a plus rien à apprendre ne saurait éduquer. Ainsi, l'éducation puise son ressort dans la relation de confiance et d'intérêt réciproque entre l'éducateur et l'éduqué. La confiance exclut le rapport de pouvoir, l'intérêt oriente les attentions vers des objets communs.

ATTENTION ! Nous confondons souvent éducation et formation. **Former** consiste à utiliser un certain nombre de techniques pour amener rapidement un groupe, beaucoup plus rarement un individu, à acquérir le format exigé par le contexte. En entreprise, de manière plus ou moins voilée, le formatage tend à prendre le pas sur l'art d'éduquer ou de faire mûrir[1].

Empirique

Est **empirique** ce qui relève d'une expérience spontanée et commune, non d'une expérimentation scientifique. Les médecines orientales et africaines sont empiriques. Elles fondent leurs soins et préventions sur les effets avérés de telle ou telle plante, de tel ou tel massage, et non sur des analyses de laboratoire. Ce que nous appelons bon sens vient d'une approche empirique du monde et de l'existence.

Essence/Essentiel

L'**essence** désigne ce qui fait qu'une réalité est ce qu'elle est, l'ensemble des caractéristiques qui la distinguent des autres réalités. Les divergences des philosophes sur… l'essence de l'essence vient du fait que sa définition dépend de la vision que l'on a de la réalité. Si, comme Platon, nous pensons que le monde que perçoivent nos sens est une image dégradée du monde des Idées, l'essence de chaque réalité est à rechercher dans l'Idée qui la fonde. Si, comme Husserl, nous pensons que le monde que perçoivent nos sens constitue l'unique réalité, alors l'essence de chaque chose est saisie à travers une démarche intellectuelle qui repère par quels traits cette chose apparaît à la conscience.

---

1. Hannah Arendt pense qu'il est impossible d'éduquer des adultes, car le désir d'apprendre et la curiosité ne s'acquièrent que durant l'enfance.

Est **essentiel** ce sans quoi une réalité ne peut être ce qu'elle est. L'essentiel est synonyme de nécessaire, de fondamental, d'incontournable.

ATTENTION ! Ce qui est essentiel, dans notre existence, c'est de ne pas se tromper d'essentiel. Rien n'est plus difficile, car nous vivons dans une civilisation qui met toute son attention dans le détail, le fait divers et le superflu.

Expérience/expérimentation

L'**expérience** désigne, à un premier niveau, une connaissance acquise de façon empirique. Faire l'expérience de la solitude, c'est vivre une situation qui ne nous était pas familière en éprouvant certains sentiments et en en tirant, par la pensée, certaines conséquences. Cette première signification conduit à un deuxième niveau, où l'expérience renvoie à une manière d'aborder les choses, son métier, voire son existence, enrichie des leçons tirées des situations vécues par le passé, des réussites, des échecs, des errances, etc.

Dans notre culture qui privilégie la connaissance rationnelle fondée sur la preuve, le terme d'expérience est aussi utilisé pour signifier l'**expérimentation**, cette démarche scientifique qui met à l'épreuve les hypothèses émises pour expliquer un fait en le reproduisant dans un laboratoire.

Finitude

La **finitude** est le caractère fini, c'est-à-dire limité dans le temps et dans l'espace, d'une réalité. Le contraire de la finitude est l'infinité, caractéristique de ce qui n'a aucune limite, ni temporelle ni spatiale. Bien que la finitude soit le propre de toutes les réalités de notre monde, qui sont limitées et périssables, la finitude est un concept philosophique appliqué surtout à la condition humaine. Seul vivant conscient du caractère éphémère et confiné de toutes choses, l'être humain lie inextricablement sa propre condition à l'inéluctabilité de sa fin et à l'impossibilité, le long de son existence, d'échapper aux nécessités que lui imposent son corps, son environnement, les autres. Philosophiquement, le concept de finitude est lié à la conscience tragique de la mort.

ATTENTION ! Les nouvelles technologies, en réalisant la transmission immédiate des informations et en réduisant les distances de nos déplacements, nous font oublier nos limites spatiales. Nous sommes du coup renvoyés à notre limite temporelle, c'est-à-dire à la mort inscrite dans le programme de notre vie. Le stress pourrait être la forme actuelle de l'angoisse métaphysique – d'une angoisse métaphysique qui évite la conscience d'elle-même.

Former (voir éduquer)

Hiérarchie

La **hiérarchie**, composée des mots grecs *hieros*, qui veut dire sacré, et *archie*, qui signifie le fait de gouverner, désigne en premier lieu un ordre de subordination de nature religieuse ou ecclésiastique (la hiérarchie des anges, la hiérarchie des prêtres). Par la suite, la hiérarchie renvoie à une société fondée sur une organisation échelonnée des pouvoirs et où chacun occupe un rang déterminé (société monarchique, entreprise). Dans nos sociétés démocratiques, l'organisation hiérarchique se retrouve dans l'armée et dans les entreprises. Elle appuie sa légitimité sur une argumentation pragmatique : la cohésion et l'efficacité sont plus fortes là où les ordres sont relayés grâce à une chaîne de subordinations.

ATTENTION ! L'origine religieuse de la hiérarchie, liée au caractère sacré du commandement et de l'obéissance, persiste dans les inconscients. En cherchant à remédier au caractère contre-productif des organisations hiérarchiques par des organisations matricielles, etc., les entreprises auraient intérêt à prendre en compte ce résidu inconscient.

Humanité

L'**humanité** désigne à la fois une espèce animale, une espèce animale exceptionnelle et une finalité morale. Ce triple sens apparaît lorsque sont posés des problèmes d'éthique médicale. La question cruciale est, ici, de savoir s'il existe un seuil à partir duquel l'embryon animal devient un être humain (une personne) et, corrélativement, un seuil au-delà duquel l'être humain (la personne qui a vécu) devient un simple processus biologique. Ce triple sens apparaît également lorsque nous nous trouvons face à des actes, perpétrés par des hommes, que les plus cruelles des bêtes sont incapables de commettre. La question cruciale est, ici, de savoir comment un être doué de la faculté de penser (un être humain) peut utiliser son intelligence pour détruire (à travers un individu ou une collectivité) l'humanité tout entière. Ces deux questions impliquent une conviction éthique sous-jacente : l'humanité de l'animal humain s'accomplit dans le respect réciproquement ressenti des uns à l'égard des autres. Cette conviction éthique se trouve aujourd'hui enrichie du souci de l'environnement, qui est à la fois le produit de nos interventions et la condition de notre survie en tant qu'espèce vivante : le respect des autres ne doit pas s'arrêter aux contemporains mais prendre en compte l'intérêt des générations humaines futures.

Idéal/idée

L'**idéal** est un modèle de perfection dans l'ordre de la morale, de la politique, de la connaissance, de la religion, de l'esthétique. Le bien est, par exemple, l'idéal moral fondamental. Parce qu'aucune conduite ne saurait être parfaite, l'idéal joue le rôle d'un ressort. Nous tendons vers l'idéal en faisant en sorte que notre comportement s'en rapproche le plus possible. Parce que le choix de l'idéal vient de notre cœur et non de notre raison, l'idéal alimente nos convictions et fait partie de nos raisons de vivre, du sens de notre existence. Ainsi, un individu peut préférer mourir plutôt que de trahir son idéal.

L'idéal est une **idée**, c'est-à-dire une représentation mentale qui ne renvoie pas à une réalité concrète. En effet, la perfection n'étant pas de ce monde, elle ne peut exister que dans notre esprit[1]. Mais cette idée qu'est l'idéal est en relation avec les normes de la société à laquelle nous appartenons, que ce soit en accord ou en opposition par rapport à ces normes.

ATTENTION ! Notre société matérialiste et fortement normative est en train de matérialiser les idéaux, c'est-à-dire de détruire l'essence de l'idéal qui est son immatérialité même. Notre société véhicule de faux idéaux comme le « poids idéal », la « santé idéale », la « qualité totale ». On peut mourir pour atteindre son idéal minceur, avec cette différence que le combat est dénué de sens.

Immanent/transcendant

Est **immanent** ce qui est contenu, impliqué dans une réalité, contrairement au **transcendant**, qui indique ce qui est extérieur et supérieur à une réalité. Pour les religions panthéistes, par exemple, les dieux sont des puissances naturelles, le divin est inhérent, immanent à la nature. Pour les religions monothéistes, Dieu est une réalité non naturelle, une puissance spirituelle suprême et transcendante à la nature.

1. Un bon nombre d'hommes pensent que cette idée est inscrite dans notre esprit par Dieu.

Implicite (voir non-dit)

Initiative

L'**initiative**, du mot latin *initium* qui signifie le début, est l'acte par lequel quelque chose de nouveau est introduit dans le monde. Prendre une initiative, c'est toujours prendre un risque, car le nouveau est par essence inédit et inconnu.

ATTENTION ! C'est sans doute la raison pour laquelle nous avons du mal à prendre des initiatives dans des environnements où… l'on a le droit de se tromper, mais une seule fois seulement.

Injonction paradoxale

L'**injonction paradoxale** consiste à ordonner à quelqu'un et en même temps deux choses qui se contredisent. « Sois spontané ! » est une injonction de ce genre. « Tu as droit à l'erreur, mais une seule fois » en est une autre, plus subtile. L'autre se trouve ainsi pris dans une double contrainte, dans l'absurdité de devoir faire cela même qu'il ne peut pouvoir faire. Les psychiatres nous apprennent que l'injonction paradoxale est source de maladies psychiques.

Intelligible

Est **intelligible** ce que l'intelligence comprend aisément et clairement. Pour rendre notre pensée intelligible à l'autre, deux conditions sont requises : notre propre clarté sur ce que nous pensons ; notre effort pour exprimer notre pensée avec les mots, les exemples, les images que l'autre utilise pour comprendre.

Interprétation

L'**interprétation** est la démarche par laquelle notre intelligence prête sens aux événements que nous vivons et aux textes que nous lisons. Cette démarche est inhérente à l'intelligence humaine, car nous ne pouvons vivre dans le non-sens. Nous sommes sans cesse, et souvent à notre insu, en train de transformer ce que nous percevons en un ensemble de signes à décoder. Ainsi nous interprétons les autres, leurs comportements, les événements... Notre devoir humain est d'être conscients de cette tendance spontanée et de chercher à en limiter les délires en accueillant des interprétations différentes des nôtres.

L'**interprétation** désigne également la démarche réflexive par laquelle nous cherchons quelle est la signification cachée d'un texte qui utilise paraboles et symboles. Les écrits bibliques sont l'exemple type du texte qui demande à être interprété pour être compris. L'approche rabbinique est, sur ce point, fort intéressante. Le *Livre* est d'une richesse inépuisable, et cette richesse dépend de notre capacité de l'interroger à partir des questions que nous pose l'actualité de notre monde et de notre existence.

ATTENTION ! L'interprétation inhérente à l'intelligence humaine fait qu'il n'y a pas de communication « objective » et que la communication la plus proche des faits et la plus clairement énoncée est inévitablement livrée aux interprétations, par essence subjectives.

Ironie/humour

L'**ironie** est l'acte par lequel l'intelligence, scrutant les faits ou ce que les autres disent des faits, opère un renversement de situation. Ce renversement peut concerner les faits eux-mêmes. *« Et au plus élevé trône du monde, nous ne sommes assis que sur notre cul »* : par cette pensée ironique, Montaigne met le doigt sur l'absurdité qui consiste à mettre le sens de sa vie dans le pouvoir et ses signes au lieu de voir que nous sommes tous égaux devant le bonheur, le malheur et la mort. Ce renversement peut concerner la personne de l'autre. Dans ce cas, le propos ironique atteint l'autre dans ce qui constitue son point sensible en s'en moquant. Dire à quelqu'un d'intellectuellement complexé et de faible constitution que la force de son esprit compense sa faiblesse physique, c'est le retourner et le blesser. Quand elle s'attaque aux personnes, l'ironie est une des manifestations de la méchanceté.

ATTENTION ! Ne pas confondre ironie et humour. En tournant en dérision des situations par la mise en relief d'un trait comique, l'humour les dédramatise en appelant le rire.

Liberté/choix

La **liberté** consiste à user de son libre arbitre en faisant un **choix**. Pour pouvoir choisir, c'est-à-dire exercer sa liberté, deux conditions sont conjointement nécessaires. La première concerne le monde extérieur : la présence d'au moins deux possibilités est indispensable. La deuxième concerne le monde intérieur : l'apparition d'une préférence personnelle est indispensable. Pour parvenir à être libre dans une prison, un individu doit avoir fait préalablement l'expérience de la liberté. Dans ce cas, c'est l'obstacle extérieur qui stimule la capacité intérieure à entretenir sa liberté de pensée.

Choisir est un acte qui mobilise simultanément la raison, le désir et la volonté. La raison analyse et évalue la situation, le désir apporte les préférences et la volonté, éclairée par la raison, délibère pour prendre l'option (la préférence) la mieux adaptée.

La liberté n'existe que dans une réalité criblée de nécessités et de contraintes. Si tout était possible, rien ne viendrait mettre en branle notre libre arbitre, le choix serait impossible.

Limite

La **limite** est ce qui borde un territoire. Un territoire est une réalité contingente. Il peut s'agrandir, se rétrécir, être fertile un moment, en jachère à un autre. Ces mouvements déplacent la limite. Le bordage est à la fois protection, respect des territoires étrangers, obstacle et incitation à franchir l'obstacle. Toute notre existence est l'histoire de nos relations aux limites, limites que nous rencontrons, que nous nous imposons, que nous franchissons. À chaque étape, à chaque moment de notre vie, nous rencontrons, par exemple, les limites de notre corps. Nous avons à la fois à en tenir compte et à les mettre à l'épreuve. À chaque circonstance importante de notre vie, nous sommes amenés à tracer notre cadre afin de ne pas nous disperser, nous disloquer, nous déverser sur les autres. Notre existence est un placement/déplacement continuel de limites sur fond de limite indépassable : la mort et la maladie par laquelle la mort arrive.

ATTENTION ! La tendance à nous imposer des limites inutiles nous dispense souvent de poser les limites nécessaires.

Maïeutique

La **maïeutique** est l'art d'accompagner les femmes dans la mise au monde de leurs enfants – une *maïa*, en grec est une sage-femme. Socrate donne ce nom à sa méthode, en évoquant le souvenir de sa mère, qui était sage-femme. L'art de Socrate c'est d'aider les adultes à mettre au monde ces enfants de leur esprit que sont leurs questions et leurs idées.

Modèle

Le **modèle** est ce qui sert d'objet d'imitation. Le premier modèle de l'homme est la nature, dont il fait partie. Les peintures primitives ont pris pour modèle la chasse, la pêche et autres activités quotidiennes qu'elles ont reproduites. Le modèle de l'avion reste la forme de l'oiseau, même si la machinerie de nos appareils n'a rien à voir avec le mécanisme de l'aile. La formule célèbre d'Aristote, « *l'art*[1] *imite la nature* », est à entendre dans ce sens.

Parce qu'il est ce qui doit être imité, tout modèle est normatif, c'est-à-dire impose sa forme et ses règles. Ainsi, le constructeur doit reproduire en réel la maquette de l'architecte, chaque chrétien doit imiter la conduite exemplaire de Jésus.

Une société existe en produisant des modèles. L'homme étant, par nature, un animal mimétique[2], toute société compte sur la tendance à imiter de ses membres pour obtenir l'homogénéité des représentations et des conduites dont elle a besoin pour sa cohésion. Modèles religieux, intellectuels, moraux, esthétiques, etc. façonnent les individus à leur insu.

ATTENTION ! Parce que nous avons tous besoin de modèles pour nous construire et pour donner sens à notre vie et que nous sommes, chacun, un modèle potentiel pour les autres, nous avons la responsabilité de bien choisir nos modèles.

Moderne/modernité/postmodernité

Le **moderne** désigne ce qui est en cours, ce qui relève de la mode actuelle, ce qui n'est pas ancien.

La **modernité** est un concept sociologique/philosophique forgé pour distinguer notre époque de celles qui la précèdent. Mais tout dépend de l'endroit où l'on met le curseur.

La plupart des penseurs situent le démarrage de la modernité à la Révolution française et à l'avènement de l'industrialisation qui la suit de près. La révolution introduit la rupture avec les autorités du passé – Dieu, la tradition... – pour

1. Le mot grec *technè* signifie simultanément le bel art et la technique.
2. *Mimétique* signifie qui imite. C'est le philosophe René Girard qui a spécialement travaillé sur la nature mimétique du désir humain.

faire de l'homme le fondement de toute chose. L'industrialisation introduit la rupture avec l'exploitation artisanale de la nature pour soumettre tout à la planification rationnelle.

Le sociologue Max Weber présente la modernité comme un processus de « *désenchantement du monde* ». Autrefois peuplée de forces mystérieuses, la réalité devient objet de connaissance scientifique, elle-même caractérisée par la spécialisation croissante. L'ensemble de la réalité (aussi bien la nature que la société) est découpé en secteurs de plus en plus réduits et chacun de ses secteurs est confié à une catégorie d'experts. Le morcellement des savoirs et la bureaucratisation du politique sont les deux grands traits de la modernité.

Le philosophe Michel Foucault fait démarrer la modernité avec la Révolution française. *L'âge moderne* se caractérise, selon lui, par l'affirmation de la souveraineté de la raison, qui vient se substituer à la souveraineté du monarque. Les catégorisations de plus en plus subtiles aussi bien dans le domaine de la justice que dans celui de la santé, les distinctions de plus en plus poussées dans le domaine des compétences professionnelles, sont le propre d'une société qui, voulant chasser les privilèges aristocratiques, introduit des classifications qui étouffent l'individu et mettent la vie sous tutelle.

Le mot **postmodernité**, érigé en concept philosophique par François Lyotard, recouvre ce qui caractérise notre société en mutation : les nouvelles technologies qui sont en train de transformer notre rapport à l'espace et au temps, aux règles morales, aux autres, etc. Il s'agit d'un concept très flou, qui crée davantage de confusion qu'il n'éclaire.

Morale/éthique

La **morale** est l'ensemble de règles de conduite découlant d'une certaine conception du bien et du mal et exigeant de l'individu l'obéissance alors qu'il ne risque aucune sanction légale en cas de désobéissance. La morale met l'individu face à lui-même en lui demandant d'être à la fois l'auteur et le juge de ses actes.

Morale et éthique sont, à l'origine, des termes synonymes, l'un fait à partir du mot latin *mores* (coutumes), l'autre à partir du mot grec *ethos* (manière d'être). Mais on peut introduire une distinction. La **morale** renverrait aux règles d'une communauté que l'individu intériorise jusqu'à en faire la voix de sa conscience. L'**éthique** renverrait aux principes que l'individu s'impose à lui-même, sans référence à la morale établie. Ainsi, Antigone opposant à Créon les exigences d'une justice non écrite, indépendante des mœurs de la cité de Thèbes, serait plutôt dans l'éthique que dans la morale.

ATTENTION ! La morale et l'éthique se réfèrent à des principes qui transcendent les finalités politiques et économiques et qui, de ce fait, exigent qu'on leur sacrifie ses intérêts personnels. Il est philosophiquement incorrect de parler d'une éthique des affaires. Si l'on choisit d'être loyal en affaires, c'est parce que la loyauté est plus payante que son contraire et non parce que la loyauté est un bien en soi.

Motivation

La **motivation** est l'ensemble de facteurs qui poussent un individu à agir. Ressort intime de l'action, la motivation pousse l'individu de l'intérieur en lui donnant l'énergie nécessaire pour réaliser ce qui a du sens pour lui.

ATTENTION ! Ressort alimenté par le désir, la motivation ne saurait être commandée de l'extérieur. Il est impossible de motiver quelqu'un. Nous ne pouvons que créer les conditions qui éveillent son intérêt, son désir, sa volonté d'agir.

Mystique

Est **mystique** l'approche non rationnelle, intuitive, affective, intime, extatique du mystérieux (Dieu, la vie, la mort sont des mystères pour notre intelligence). Là où, par exemple, Descartes aborde rationnellement le problème de Dieu et va même jusqu'à en démontrer rationnellement l'existence, Pascal confie l'accès à Dieu à *« la folie de la foi »*.

Mythe/mythologie

Le **mythe** est un récit fabuleux, transmis par la tradition, et qui met en scène des êtres exceptionnels, dieux et héros, qui incarnent de manière symbolique les puissances de la nature et les contradictions de la condition humaine. La fonction du mythe est d'apprivoiser ce que la nature et l'homme ont d'énigmatique en fournissant des interprétations fantastiques. Toute société crée ses mythes pour pouvoir se construire.

Les mythes ont pour fonction de répondre aux grandes interrogations communes à tous les hommes : d'où vient notre univers ? d'où venons-nous ? où allons-nous après la mort ? quels sont nos pouvoirs d'influence sur la nature ? jusqu'où pouvons-nous repousser les limites de notre condition ? qu'est-ce qui est bien, qu'est-ce qui est mal… ? La convergence des questions explique les points communs entre les mythes fondateurs de cultures géographiquement et historiquement très éloignées les unes des autres.

La **mythologie** est l'ensemble des mythes d'un peuple et cet ensemble est constitué dans l'après-coup, avec la prise de conscience que les mythes sont des fictions.

ATTENTION ! Nous avons tendance à croire que les progrès des sciences chassent les mythes et que notre société nous livre, « en live », du réel et rien que du réel. Cette croyance est erronée. En examinant les réponses qui sont actuellement données aux interrogations fondamentales, nous pourrions découvrir un bon nombre de mythes contemporains.

Nécessité

La **nécessité** désigne d'abord ce sur quoi notre volonté n'a pas actuellement prise, ce qui s'impose à elle, ce qui ne peut pas ne pas être. Le bouchon sur la route m'impose sa nécessité.

La nécessité désigne, par la suite, ce dont nous ne pouvons nous passer et que nous ne pouvons éviter, du moins dans l'immédiat. Le besoin de nous alimenter est une nécessité, sa non-satisfaction entraîne la maladie et la mort.

Assimilant nécessité et destin, les Grecs ont érigé la Nécessité – l'*Ananké* – en puissance suprême, puissance à laquelle les dieux eux-mêmes étaient contraints d'obéir.

Non-dit/implicite

Le **non-dit** n'est pas ce qu'on ne dit pas par volonté de ne pas dire. Le non-dit est ce qu'on ne dit pas sans savoir qu'on omet de dire. Le non-dit est donc ce que cache un propos à l'insu de celui qui tient ce propos. Le non-dit relève du vocabulaire de la psychanalyse, théorie psychologique qui repose sur l'hypothèse de l'inconscient. Ce blanc dans le discours qu'est le non-dit correspondrait à ce qu'un individu ou une collectivité ne veut pas voir, à ce qui est repoussé hors de sa conscience, refoulé.

ATTENTION ! Le non-dit n'est pas l'implicite. L'**implicite** est ce qui est sous-entendu, ce que l'on ne dit pas parce qu'on le suppose connu de tous. Les entreprises souffrent à la fois du non-dit des émotions et de l'excès d'implicite. Le premier mal est fruit et cause d'inhibitions, de malentendus, de conflits larvés. Le second mal vient de la paresse à expliquer ou/et de la peur d'expliquer. L'explicitation est toujours susceptible de révéler que ce qui semblait évident ne l'est pas du tout.

Objet/sujet/objectif/subjectif

L'**objet** est ce qui est placé devant – ce que notre perception et notre pensée rencontrent. L'être humain devient un objet dès lors qu'on l'envisage hors de toute relation interpersonnelle (l'homme est objet d'une multiplicité de sciences). Un individu humain devient un objet dès lors qu'on le traite comme un instrument (dès lors qu'on le nie en tant que personne).

Est appelée **objective** la connaissance qui fait abstraction des sentiments personnels pour appréhender seulement le fonctionnement de la réalité étudiée. La connaissance scientifique, qui se fonde sur la vérification des hypothèses qu'elle avance, est considérée comme objective.

Le **sujet** est ce qui est placé en dessous – ce qui supporte une réalité. Parce que l'individu humain supporte sa réalité individuelle par la conscience qu'il en a, le concept de sujet désigne, en philo, l'être humain dans sa capacité de dire « je », de se saisir comme auteur de ses pensées et destinataire de ce qui lui arrive.

Est appelée **subjective** la pensée qui exprime ce que ressent un individu. Le subjectif est considéré comme partiel, partial et, de ce fait, dénué de toute valeur scientifique.

ATTENTION ! Bien que les sciences nous informent que toute connaissance est le fruit d'une interaction entre l'intelligence qui observe, étudie, teste, et la réalité observée, étudiée, testée, nous continuons de croire qu'il existe des vérités objectives, indépendantes de l'esprit humain. Actuellement, nous avons tendance à penser que l'objectif est le mesurable et que la connaissance objective se trouve là où il y a des chiffres. Mais dans le lien que nous faisons entre connaissance objective et chiffres, nous oublions que les chiffres sont, comme les lettres, une invention humaine.

Parole/discours

La **parole** est le langage oral qui jaillit du sujet vivant qui l'énonce. La parole a donc les traits de la vie. Elle exprime le vivant qui s'exprime, elle suit un cours irréversible et imprévisible. Elle peut être interrompue, reprendre et, en reprenant, peut intégrer les réactions des autres. Vivante, la parole a été le mode d'expression choisi par Bouddha, Socrate, Lao Tsé, Jésus. Si ces fondateurs de sagesse ou de religion ont refusé de s'exprimer par l'écriture que, pourtant, ils maniaient fort bien, c'est qu'ils pensaient que « la lettre tue l'esprit ». L'écriture fige la pensée en excluant l'échange vivant.

Le **discours** désigne le fruit de la démarche discursive qui caractérise la raison. Celle-ci procède de manière discontinue, par étapes, par vérifications successives. Un discours, oral ou écrit, est la présentation argumentée d'un point de vue. Si les sages du monde entier refusent de faire des discours, c'est qu'ils estiment que la sagesse – cette façon de mener sa vie – ne saurait faire l'objet d'une démonstration.

Pensée/penser

La pensée est cette capacité propre à l'homme, être doué de conscience réfléchie, de revenir sur ce qui lui arrive pour l'analyser, l'interpréter, le comprendre, le transformer, le dépasser…

Si chaque philosophe définit la pensée à sa manière, nous pouvons adopter la définition large et souple d'Edgar Morin, pour qui la pensée est, par essence, complexe :

penser est cette activité consciente qui, faisant intervenir toutes les facultés mentales de l'homme (affectivité, imagination, raisonnement...), cherche à comprendre.

Principe

Le **principe** désigne ce qui est à l'origine ou au fondement d'une réalité. Dieu est présenté, dans la Bible, comme le principe de l'univers. Les premiers physiciens font du mouvement le principe de la Nature, puisque toute réalité physique est, d'une manière ou d'une autre, en mouvement.

Le principe désigne aussi ce qui fonde une démarche réflexive. Le raisonnement obéit à certains principes, comme le principe de non-contradiction (ne pas dire en même temps une chose et son contraire). Une démonstration mathématique part d'un principe (que celui-ci soit un axiome, une hypothèse ou un postulat).

Le principe désigne enfin une règle de conduite qu'un groupe ou un individu se donne à partir de la conviction que c'est elle qui donne sens à son existence et à ses actions. Le principe démocratique pose la liberté et l'égalité de tous devant la loi. Le principe du respect inconditionnel de l'autre impose, à celui qui y adhère, le respect d'autrui et le sentiment de culpabilité si ce principe n'est pas suivi.

Problème

Le **problème** est une difficulté repérée par l'intelligence humaine et, de ce fait, jetée au-devant d'elle pour pouvoir être examinée. Le mot problème est de la même racine grecque que le mot ballon, chose lancée devant, qui rebondit devant. Le repérage de la difficulté a lieu en même temps que l'analyse de celle-ci. Décrire la difficulté, c'est en repérer la structure. Ce repérage est la condition de la résolution d'un problème. C'est pour cela que Bergson a raison de dire qu'un problème bien posé est un problème résolu.

ATTENTION ! Nous avons tendances à nous créer des difficultés – à nous compliquer la vie – à défaut de prendre la peine de **problématiser** la réalité que nous vivons. Problématiser, c'est interroger les situations en énonçant, sous forme de problèmes reliés les uns aux autres, ce qui nous trouble, nous empêche ou nous oppresse.

Procédure/processus

La **procédure** est une manière d'avancer dans le traitement d'un problème qui obéit à un protocole préétabli. Le modèle de la démarche procédurière est la démarche juridique. Pour que justice soit faite et équitablement faite, les juges respectent les codes de la loi.

Le **processus** est une suite ordonnée d'opérations qui aboutissent à un résultat en intégrant les aléas rencontrés sur le chemin. Le modèle de ce cheminement est le processus biologique. Toute vie se développe à la fois en réalisant les actes prévus dans son programme et en intégrant les imprévus.

ATTENTION ! Le recours systématique, en entreprise, au terme anglais *process* encourage la confusion périlleuse entre procédure et processus. S'il y a une procédure de licenciement, il y a un processus d'innovation.

Profane (voir sacré)

Question/questionnement

La **question** est une demande que j'adresse à quelqu'un ou à moi-même pour apprendre quelque chose. La question vient donc de moi, d'un étonnement, d'une curiosité, et relève toujours de mon désir de sortir de l'ignorance. De même racine que le verbe quérir, qui signifie rechercher, toute question est ouverte sur l'avenir. Celui qui pose ou/et se pose une question s'engage dans un **questionnement**, car une question en entraîne une autre, compte tenu du caractère incomplet ou incertain de toutes les réponses.

ATTENTION ! En entreprise, on se focalise sur les problèmes et on ne laisse pas émerger ou entrer les questions. Or, pour anticiper, il est nécessaire d'interroger les choses avant le surgissement des difficultés. Pour changer, il est nécessaire de passer par une remise en question des acquis et de préparer le changement en engageant un échange questionnant.

Raison/raisonner/rationnel/raisonnable

La **raison** est à la fois une faculté de l'intelligence humaine et un ensemble de principes qui permettent à cette faculté de s'exercer. La faculté rationnelle est celle de l'abstraction et de la conceptualisation. Les principes sont la non-contradiction, la cohérence, l'enchaînement causal. Raisonner, c'est ordonner ses idées, classer, conclure.

Quand la raison s'exerce dans le domaine de la connaissance, elle produit des hypothèses, des principes, des lois et des théories scientifiques. Quand elle prend pour objet l'action, elle produit des règles de conduite, que celles-ci soient d'ordre social, moral ou politique. Kant appelle *spéculative* la raison théorique et *pratique* la raison qui règle la conduite.

Est appelé **rationnel** ce qui relève de la raison théorique. Est appelé **raisonnable** ce qui relève de la raison pratique. Une pensée qui procède par démonstration est rationnelle. Une action qui n'est pas commandée par la passion est raisonnable.

Attention ! Formidable outil pour rechercher et construire la connaissance, la raison fonctionne à vide et se dessèche si elle ne se nourrit pas d'intuition, d'imagination, de désir. Formidable outil pour réguler la conduite, la raison génère des pathologies quand elle s'acharne à tout contrôler. La mise en garde de Pascal est très actuelle : *« Deux excès : exclure la raison, n'admettre que la raison. »*

Réel/réalité

Est appelé **réel** ce qui, étant indépendant de ma volonté, s'impose à celle-ci. Le réel vient du mot latin *res*, qui signifie objet, chose posée devant. Ainsi le sentiment que j'éprouve ou l'idée que j'ai dans l'esprit est aussi réel que le caillou sur lequel j'achoppe, puisque je ne peux pas éviter qu'ils soient là. La réalité est l'ensemble des choses qui, physiques ou mentales, naturelles ou artificielles, s'imposent à moi à un moment donné. La nécessité est le critère empirique de la réalité.

Cette définition et ce critère révèlent leur fragilité dès lors qu'on introduit la diversité des individus, la temporalité et la connaissance. Ce qui s'impose à l'un ne s'imposant pas à l'autre, ce qui s'impose à un moment ne s'imposant pas à tout moment, la réalité apparaît comme une notion relative et fuyante. Se pose alors la question philosophique du critère de la réalité. Pouvons-nous dire d'une chose qu'elle est réelle si elle est considérée comme telle seulement par un individu ? Pouvons-nous dire qu'une chose est réelle si elle ne dure pas ? Pouvons-nous dire d'une chose qu'elle est réelle si nous sommes incapables de la mesurer ?

Chaque philosophe répond à sa manière : est réel ce qui dure éternellement – le fondement de ce que nous percevons ; est réel ce qu'une communauté reconnaît comme tel – les conventions ; est réel ce qui est mesurable – les faits étudiés par la science…

ATTENTION ! La définition naïve du réel qui vient d'être donnée a le mérite du bon sens et de l'ouverture aux autres. Si nous définissons le réel par ce qui s'impose à un individu à un moment donné, nous réagissons vite à l'obstacle et nous tenons compte de la sensibilité d'autrui.

Religion

La **religion**, des verbes latins *relegere* (rassembler) et *religere* (relier), est l'ensemble de croyances et de rites destinés à faire le lien entre l'homme et le divin. Ce lien est conjointement collectif et individuel. Croyances et rituels sont le produit d'une communauté humaine à un moment donné de son histoire et relient les membres de cette communauté autour de représentations et de coutumes célébrant le(s) même(s) dieu(x). À l'intérieur de chaque religion, chaque individu a son propre lien avec le divin.

Parce qu'elle contribue à la stabilité sociale, la religion est par essence conservatrice. Parce qu'elle dote l'individu d'une assise solide, une religion permet à ses fidèles de se surpasser.

Parmi les multiples religions de l'histoire et du monde, les religions monothéistes sont, par inclination naturelle, les moins tolérantes.

Représentation

La **représentation** désigne la présence d'une chose à l'esprit. Un souvenir, une image fictive, un concept, une pensée, une vision du monde sont des représentations.

Notre esprit est comme une scène de théâtre sur laquelle apparaissent, agissent et disparaissent ces êtres mouvants que sont les représentations mentales.

Responsabilité/être responsable

La **responsabilité** désigne le devoir de rendre compte de ses actes aux autres et à soi-même. Rendre compte, c'est répondre aux questions, dire pourquoi et en vue de quoi j'ai choisi ceci et pas cela. Répondre de mes actions revient à les reconnaître comme miennes, donc à les assumer.

La responsabilité est la preuve et l'épreuve de la liberté. Je ne peux répondre que de ce qui relève de mon libre choix – je ne suis pas responsable de ce que j'ai exécuté sous la contrainte ou en état de démence. Mais je ne suis libre, au sens philosophique de ce mot, que dans la mesure où je choisis de faire ce dont je pourrai sans honte rendre compte à mes frères humains.

La responsabilité est une affaire individuelle. Il n'y a pas de responsabilité collective. Un peuple n'est pas responsable du génocide pratiqué par un parti au pouvoir, même si ce parti a eu un grand nombre de suiveurs. En revanche, chacun des suiveurs est **responsable** de son choix.

La responsabilité concerne notre relation à l'autre homme, mais aussi à l'environnement sans lequel l'espèce humaine ne saurait survivre. Si les collectivités s'engagent pour le développement durable, la réalisation de ce développement passe par l'exercice de la responsabilité.

La responsabilité s'apprend au même titre que la liberté. Cet apprentissage a lieu par l'éducation, par l'exercice et par l'exemple que donnent les autres. Le terme récent de « responsabilisation », fort répandu dans les entreprises, est totalement incorrect pour désigner cet apprentissage.

ATTENTION ! La spécialisation de plus en plus poussée des savoirs et savoir-faire, le cloisonnement des services constitutifs d'une organisation (entreprise ou institution), les multiples prises en charge par les assurances ou les instances de l'État, etc. sont sources de déresponsabilisation.

Rétroaction/feed-back

Concept issu des sciences cybernétiques et des sciences de la vie, la rétroaction désigne le fait que les effets agissent sur les causes qui les précèdent et que, modifiées, ces causes produisent d'autres effets qui à leur tour, etc.

ATTENTION ! Quand je sollicite le *feed-back* de quelqu'un sur une expérience que nous avons partagée, je dois être conscient du processus de rétroaction. Son retour va nécessairement modifier ma représentation et notre relation !

Sacré/profane/temps profane et temps sacré

Est **sacré** ce qui est relatif au mystère et qui, de ce fait, est inaccessible à nos moyens ordinaires de connaître ce que sont la perception et la compréhension rationnelle. Relevant d'un tout autre ordre que celui qui nous est quotidien et familier, le sacré suscite en nous le sentiment ambivalent de la fascination et de l'effroi. La notion de **temps sacré**, utilisée par certains historiens des religions[1], signifie le temps consacré par une communauté à la célébration de ou des dieu(x) qu'une culture invoque pour apprivoiser le mystère. Ce temps, constitué par l'arrêt de la production des biens matériels et utiles, offre aux membres de la communauté l'expérience de la suspension du temps, seule apte à établir un lien entre cet être temporel qu'est l'homme et cette réalité intemporelle qu'est le mystère du monde. Grâce à ce non-temps qu'est le temps sacré, les hommes se reposent des pénibilités quotidiennes en se ressourçant.

Est **profane** ce qui n'est pas sacré, ce qui, comme la racine du mot l'indique, est situé hors du lieu où se tient la parole vraie, hors du temple. Défini par défaut, le profane est relatif au monde du travail, de la gestion de la matière et de la

1. *Cf.* les ouvrages de Mircea Eliade.

production des choses utiles. Le **temps profane** est le temps du travail, des gestes répétés qui épuisent sans renouveler.

ATTENTION ! Le sacré n'est pas le religieux, mais ce qui nous relie au mystère, à la source de l'univers, de la vie et du sens. Notre société est davantage marquée par le déficit du sacré que par le déficit du religieux.

Sciences

Une **science** est un ensemble de connaissances vérifiées concernant un domaine déterminé. Aussi n'avons-nous jamais affaire à « la science » mais aux « sciences ». Celles-ci progressent en se multipliant, et cette multiplication est à la fois cause et effet d'une spécialisation de plus en plus poussée. Du temps de Newton, il y avait « la science physique » à côté de « la géométrie ». Actuellement, il y a un nombre impressionnant de physiques et plusieurs géométries...

Ce qui caractérise la connaissance scientifique[1], c'est qu'elle énonce les lois de fonctionnement de la réalité qu'elle explore dans un langage mathématique. Ce lien indissoluble entre sciences et mesure confère aux connaissances scientifiques leur précision et leur applicabilité. Précision ne signifie pas vérité universelle et définitive. Toute « vérité » scientifique est dépendante des techniques de vérification qu'elle met en œuvre. Chaque progrès technologique révèle le caractère incomplet des vérités existantes et contraint la communauté des savants à remettre en question les acquis. Les vérités scientifiques sont également dépendantes des paradigmes[2] d'une culture donnée et cette dépendance fait souvent obstacle à la remise en question. Ainsi, le principe

1. Pour éviter une explication difficile, nous laissons de côté les sciences mathématiques, qui sont, pourtant, les premières apparues et les fondements des autres sciences.
2. Un paradigme est un ensemble de normes qui modèlent les représentations à l'insu des individus.

de la « gravitation universelle », énoncé par Newton, reprenait, à l'insu de son auteur, le paradigme de la terre-centre-de-l'univers. Ainsi, sans doute, les principes du « big bang » et du « désordre organisateur », avancés par la majorité des astrophysiciens contemporains, reprennent l'idée biblique d'un univers émergé du chaos et menacé d'y retourner.

Sens/signification/signifiant/signifié

Le **sens** n'existe que par le lien. Le sens vient aux humains par le langage des mots, dont la structure et la mission est d'établir des liens.

La **signification** d'un mot vient du lien que la pensée établit entre le **signifiant** (la sonorité orale ou la forme écrite) et le **signifié** (la chose évoquée). Et un mot n'a de sens que parce qu'il fait partie d'un ensemble de mots aux sens semblables, différents, opposés, etc. Et un mot ne prend son sens que dans une phrase, qui lui donne une position relative aux autres éléments. Et une phrase ne prend son sens que par rapport à un contexte, d'autres phrases...

L'expression « donner du sens » est philosophiquement inexacte. Le sens ne se donne pas, il se découvre et se construit. Nous découvrons le sens d'un événement en le reliant à d'autres événements, aux facteurs sociaux, économiques, politiques en cours au moment de sa production. Nous construisons le sens de notre existence en élaborant des pensées et des actions qui relient les exigences de nos aspirations aux contraintes des situations.

Mener une existence qui a du sens, c'est chercher à comprendre ce qui s'est passé et utiliser cette compréhension pour construire ses pensées et ses actions. Mener une existence qui a du sens, c'est exister en nous reliant à tout ce qui peut nous éclairer, nous réchauffer, nous nourrir.

ATTENTION ! Si quelqu'un vous propose ses services pour donner du sens à vos actions, dites-vous bien qu'il sous-entend que, par elles-mêmes, vos actions n'en ont pas !

Subjectif (voir objectif)

Technique

La **technique** désigne à la fois l'ensemble des outils fabriqués par l'homme pour maîtriser son environnement et la démarche particulière qui conduit à la production d'un outil. La technique recouvre d'abord l'ensemble des outils matériels de production et est, en ce sens, inséparable du travail et de l'économie, qui est la répartition des biens de la production. Mais, très vite, la technique recouvre l'ensemble des procédés employés pour obtenir un résultat déterminé. Ainsi nous parlons actuellement de techniques de la communication.

Technologie

La **technologie** est le mot pour désigner la technique moderne, qui est le produit de connaissances scientifiques fort élaborées. Les nouvelles technologies font toutes intervenir l'énergie électronique. La machine à écrire relevait de la technique, l'ordinateur relève de la technologie.

Transcendant (voir immanent)

Vrai/vérité

Est **vraie** l'affirmation qui est conforme à la réalité qu'elle affirme[1]. La proposition « il pleut » est vraie s'il pleut effectivement au moment où je la prononce. La loi physique

1. Pour ne pas compliquer l'explication, nous laissons de côté la distinction entre vérités factuelles et vérités formelles (les vérités logiques et mathématiques).

« l'eau boue à 100° » est vraie puisque c'est à ce degré de température que l'eau se met à bouillir. La **vérité** relève du jugement que l'homme porte sur les faits.

Cette définition révèle sa fragilité dès lors qu'on introduit la relativité des sentiments et des jugements humains. À température égale, tel individu a froid, tel autre a chaud, tel autre est bien. En fonction des instruments d'observation utilisés, la physique a successivement affirmé de la terre qu'elle est immobile, qu'elle se meut, qu'elle se meut selon un mouvement de rotation elliptique. Quant aux philosophes, chacun érige en vérité sa propre interprétation du monde…

Les philosophes classiques ont presque tous confondu la vérité et la réalité. La raison en est que, pour un philosophe, le réel n'a d'intérêt que si l'homme en a une connaissance exacte.

La Vérité avec un V est d'essence religieuse. Elle est un objet de foi. Elle se présente comme un absolu qui exige l'adhésion de tous.

ATTENTION ! Nos « c'est vrai » ne sont jamais que des « je crois que c'est vrai ». Se situer dans la vérité en général quand on parle, c'est se situer dans la sphère de l'intolérance. « Parler vrai » ne signifie pas dire la vérité, mais parler sincèrement.

Petite biblio philosophique

Lire, ce n'est pas parcourir mais s'imprégner. *« L'important n'est pas de lire, mais de relire »*, écrit Jorge Luis Borges. De fait, les « vrais livres » nous inspirent le désir d'y revenir. Nous voici prévenus. Une lecture aisée n'est pas la lecture d'un texte facile. Une lecture aisée est la lecture d'un auteur qui exprime clairement une pensée complexe et qui nous communique le désir de cheminer avec lui.

Les grands philosophes, en direct

Tous ces ouvrages sont aisément compréhensibles, à condition de s'intéresser au thème traité. Ils ont l'avantage de ne pas être longs… La quantité ne fait pas la qualité. La culture n'est pas l'érudition.

PLATON, *L'Apologie de Socrate*
Pour se défendre contre ses accusateurs, Socrate fait son autobiographie. Propos recueillis par Platon.

ÉPICTÈTE, *Les Entretiens*
Épictète expose les principes de la sagesse stoïcienne à ses élèves. Propos recueillis par un de ses disciples.

ÉPICURE, *Lettre à Ménécée*
Épicure écrit une lettre pour expliquer à un ami sa conception de la mort.

SÉNÈQUE, *De la brièveté de la vie*
Sénèque nous donne des conseils pour éviter les tourments inutiles et jouir de notre vie.

SAINT AUGUSTIN, *Les Confessions*
Converti au christianisme, Augustin fait le récit de sa vie avant et après. Le chapitre XII est une excellente initiation à la question de notre rapport au temps.

Nicolas MACHIAVEL, *Le Prince*
Conseiller du prince Laurent de Médicis, Machiavel expose sa conception de l'homme, du pouvoir et de l'histoire.

René DESCARTES, *Lettres à Élisabeth*
Descartes écrit plusieurs lettres à la princesse de Bohème Élisabeth pour l'accompagner dans sa manière de penser et de vivre sa vie.

Blaise PASCAL, *Les Pensées*
Chrétien fervent et scientifique hors pair, Pascal livre ses pensées sur la condition de l'homme, sa place dans l'univers, son rapport à la mort et à la vie.

Jean-Jacques ROUSSEAU, *Discours sur l'origine et les fondements de l'inégalité*
Rousseau recherche les causes de l'injustice sociale en faisant l'hypothèse d'une vie humaine antérieure à l'institution de la société.

Emmanuel KANT, *Qu'est-ce que les Lumières ?*
Introduction à l'esprit des Lumières, dont est née la révolution de 1789, et initiation de l'individu à l'autonomie.

Arthur SCHOPENHAUER, *L'art d'être heureux*
Philosophe réputé pour son pessimisme, Schopenhauer nous propose 50 règles simples pour être heureux au quotidien.

Fridrich NIETZSCHE, *L'Antéchrist*
Présentation du Christ comme un homme généreux qui révèle aux hommes la force de l'amour du prochain et la confiance en la vie.

Henri BERGSON, *Le Rire*
Analyse du comique dans toutes ses formes et des différentes manières de rire qu'il suscite.

Edmund HUSSERL, *La Crise de la conscience européenne et la philosophie*
À la veille de la Seconde Guerre mondiale, Husserl réfléchit sur les causes de la barbarie produite par la raison occidentale.

Karl JASPERS, *Introduction à la philosophie*
Initiation à l'esprit et à l'attitude philosophiques par un philosophe existentialiste qui croit en l'existence de Dieu.

Jean-Paul SARTRE, *L'Existentialisme est un humanisme*
Introduction à une philosophie qui affirme la liberté humaine et son obligation de responsabilité dans un monde sans Dieu.

Albert CAMUS, *Le Mythe de Sisyphe*
Fable philosophique pour décrire la manière dont chacun d'entre nous peut transformer l'absurdité d'une vie vouée au quotidien en une réalité signifiante pour lui.

Maurice MERLEAU-PONTY, *Éloge de la philosophie*
À travers son hommage à Socrate, Merleau-Ponty invite philosophes universitaires et amateurs de philo à retrouver cette simplicité première.

Hannah ARENDT, *Qu'est-ce que la politique ?*
En cherchant réponse à cette question, Arendt nous donne accès à sa façon originale d'envisager la politique comme effort pour construire un sens commun.

Hans JONAS, *Le Concept de Dieu après Auschwitz*
Jonas cherche réponse à la question : comment se fait-il que Dieu ait permis l'extermination massive des hommes dans les camps de concentration ?

Ferdinand ALQUIÉ, *Qu'est-ce que comprendre un philosophe ?*

Ouvrages de familiarisation avec les notions philosophiques

Définition et analyse d'un certain nombre de notions par des partisans de la vulgarisation de la pensée philosophique. On piochera en fonction des besoins et intérêts.

VOLTAIRE, *Dictionnaire philosophique*

ALAIN, *Définitions*

Gilles DELEUZE, *L'Abécédaire*, DVD

Ouvrages d'histoire de la philo

Présentation aussi simple que possible de pensées complexes.

Karl JASPERS, *Les Grands philosophes*
Le premier volume porte sur les fondateurs, qui n'ont rien écrit : Bouddha, Socrate, Confucius, Jésus. Les autres, sur les grands classiques. On peut piocher selon intérêts et besoins.

Jeanne HERSCH, *L'Étonnement philosophique*
Présentation des grands philosophes et des grands courants philosophiques à travers la source nourricière de leur pensée, l'étonnement, la remise en question des idées reçues et de l'évidence.

Bernard GROETHUYSEN, *Anthropologie philosophique*
Présentation du dialogue que les philosophies engagent les unes avec les autres à travers le temps et de la représentation de l'homme qui se dégage à chaque époque. Lire les chapitres dans l'ordre, même si l'on s'arrête au milieu du livre.

Pierre HADOT, *Qu'est-ce que la philosophie antique ?*
Présentation des philosophies anciennes comme autant de représentations du monde qui préparent à la sagesse. Ce livre constitue un tout, même si on peut le quitter avant la fin.

Jostein GAARDER, *Le monde de Sophie*
Genre de polar amusant mais ardu où, à travers les questions naïves de la petite Sophie, nous découvrons les différentes théories philosophiques et apprenons la tournure d'esprit philo.

Ouvrages sur les mythes grecs, terreau de la philo

Maurice DRUON, *Les Mémoires de Zeus*
En décrivant ses aventures, Zeus présente les grands mythes grecs. Ce livre se lit comme un roman.

Jean-Paul VERNANT, *L'Univers, les dieux et les hommes*
Ce livre raconte à la manière d'un conte la façon dont les poètes Hésiode et Homère mettent par écrit les mythes et les légendes de la Grèce ancienne.

Essais divers

Réflexion à portée philosophique menée par des penseurs qui ne sont pas philosophes de formation et de profession.

MONTAIGNE, *Les Essais*[1]
Les introductions aux trois volumes sont particulièrement intéressantes. Chapitres conseillés : t. 1, ch. XX, « Philosopher c'est apprendre à mourir », ch. XXVI, « De l'institution (= éducation) des enfants » ; t. 3, ch. IX, « De la vanité », ch. XIII, « De l'expérience ».

1. Coll. « Folio », version en français actualisé.

Antoine de SAINT-EXUPÉRY, *Le Petit Prince*
Le plus beau des contes philosophiques.

Guy DEBORD, *La Société du spectacle*
Radiographie de la représentation de la réalité que nous transmet à notre insu notre société qui transforme tout en spectacle.

Mircea ELIADE, *Le Mythe de l'éternel retour*
À travers la présentation de la représentation du temps des sociétés traditionnelles, l'historien des religions nous aide à mieux comprendre celle de nos sociétés hyperdéveloppées.

François JACOB, *Le Jeu des possibles*
Le biologiste oppose la façon de cheminer la vie, le bricolage, à la démarche rationnelle de l'ingénieur, et donne sa confiance en la vie.

Edgar MORIN, *Pour sortir du XXe siècle*[1]
L'anthropologue présente le changement de monde que nous sommes en train de vivre et auquel nous continuons de résister par peur de l'inconnu.

Cornelius CASTORIADIS, *La Montée de l'insignifiance*[2]
Le philosophe-psychanalyste radiographie les effets de la liberté démocratique d'expression sur le discernement individuel et la transmission de la culture.

Joël DE ROSNAY, *L'Homme symbiotique*
Le physicien présente l'acheminement de notre civilisation vers un nouveau type d'homme mi-biologique, mi-électronique.

---

1. Réédité sous le titre : *Pour entrer au XXIe siècle.*
2. Chapitre « La culture dans une société démocratique »

Index

www.ingramcontent.com/pod-product-compliance
Ingram Content Group UK Ltd.
Pitfield, Milton Keynes, MK11 3LW, UK
UKHW021126260726
13994UKWH00001B/5

9 782708 134898